陕西省"十四五"职业教育规划教材GZZK2023-1-126
职业教育国家在线精品课程配套教材

旅游礼仪

TOURISM ETIQUETTE

主　编　何　叶
副主编　张　园　任　静

西安交通大学出版社
XI'AN JIAOTONG UNIVERSITY PRESS

图书在版编目(CIP)数据

旅游礼仪 / 何叶主编. ——西安：西安交通大学出版社,2023.2
高等职业教育旅游类专业系列教材
ISBN 978-7-5693-3422-7

Ⅰ.①旅… Ⅱ.①何… Ⅲ.①旅游业-礼仪-高等职业教育-教材 Ⅳ.①F590.63

中国国家版本馆 CIP 数据核字(2023)第 165974 号

Lüyou Liyi

书　　名	旅游礼仪
主　　编	何　叶
副 主 编	张　园　任　静
策划编辑	曹　昳
责任编辑	杨　瑶　王　帆
责任校对	卢婧雅
封面设计	任加盟

出版发行	西安交通大学出版社
	（西安市兴庆南路1号　邮政编码710048）
网　　址	http://www.xjtupress.com
电　　话	(029)82668357　82667874(市场营销中心)
	(029)82668315(总编办)
传　　真	(029)82668280
印　　刷	陕西印科印务有限公司
开　　本	787 mm×1092 mm　1/16　印张 13.25　字数 240 千字
版次印次	2023年2月第1版　2023年2月第1次印刷
书　　号	ISBN 978-7-5693-3422-7
定　　价	49.80 元

如发现印装质量问题,请与本社市场营销中心联系调换。
订购热线：(029)82665248　(029)82667874
投稿热线：(029)82668804
读者信箱：phoe@qq.com

版权所有　侵权必究

前言

2022年国务院批准把《"十四五"旅游业发展规划》再次纳入国家五年专项规划,充分说明党中央、国务院对旅游业的关心和重视。《"十四五"旅游业发展规划》提出,"十四五"时期,我国将全面进入大众旅游时代,旅游业发展仍处于重要战略机遇期,但机遇和挑战都有新的发展变化。

"为人民谋幸福,为民族谋复兴"是二十大的核心理念,也是新时代我们的奋斗目标。旅游业作为文化交流的重要一环,要落实"为人民服务"这一理念,以促进人民群众的幸福生活为己任。随着旅游产业数字化转型,智慧旅游产品极大丰富,个性化定制、体验、智能、互动等旅游消费新模式发展,智慧景区、智慧酒店和在线旅游服务商等智慧旅游业态持续繁荣发展。在文旅融合大趋势、智慧旅游产业转型升级的背景下,旅游需求呈现出多样化、个性化、即时化、碎片化趋势,需要持续提高旅游人才的综合职业能力,倒逼人才供给侧的结构性变革。

旅游业是推动优秀文化交流的重要载体,作为一种文化交流和文明互鉴的体验,旅游礼仪教育更应该承担起弘扬中华传统文化的责任。在旅游礼仪教育中,我们要落实立德树人根本任务,使礼仪行为注重游客的实际需要,将中华传统文化深度融合到旅游礼仪教育中,增强学生的文化自信心和国家认同感,使其具有社会责任感和服务意识,培养"讲政治、专业精、服务好",能在旅游行业从事相关工作的复合型技术技能人才,实现人民对美好生活的向往。

"旅游礼仪"课程是高等职业教育旅游类专业基础课,主要对应旅游管理、导游、旅行社经营与管理、研学旅行管理与服务、酒店管理与数字化运营、民宿管理与运营、智慧景区开发与管理、休闲服务与管理、旅游英语等专业的多种岗位礼仪素质和技能培养要求。在旅游管理专业群人才能力本位教育(CBE,competency based education)培养目标的指导下,结合多年的教学改革和实践经验,以"校园人—职场人"的进阶式培养路径,我们设计了情境教学,教师指导学生,在情境模拟中发现问题,解决问题,从而增强学生兴趣,拓展学生思维,强化学生的创新能力,养成良好礼仪行为,使职业能力螺旋上升。我们编写的《旅游礼仪》,包括了唤醒礼仪意识、管理第一印象、立足校园礼仪、注重社交礼仪、加强面试礼仪、旅行社服务礼仪、住宿业服务礼仪、景区服务礼仪八个部分的内容。本教材有如下特色:

1. 以情境设计引领课程主线,立足个人礼仪素养培养,根据学生在校学习和生活,以及旅游工作活动的规律和内容设计了八个学习情境,突出日常和职业礼仪训练。情境设计既展现礼仪课程的知识点、技能点,又成为文化育人的一种形式和手段。

2.典型虚拟人物设置增加了教材的生动性,全书以一位礼仪教师和四位刚进入院校的学生在校园生活、教学实习、求职面试、旅游工作中遇到的问题为线索,将旅游礼仪的理论知识与实践活动紧密联系在一起。

3.每个情境都按照项目引领,每个项目通过情境导入,设置学习目标、相关知识、任务分析、任务准备、任务实施、任务评价、能力拓展等学习单元,具有较强的启发性和易操作性,让学生理解"为什么",知道"怎么办",掌握"如何做"。

4.教材编写中融入传承礼仪文化、培养职业素养、树立旅游使命、塑造工匠精神、厚植家国情怀五类思政元素,立足导游、宾客关系主任、讲解员等旅游岗位;融入导游及酒店服务、红色讲解员、服务礼仪等技能大赛,"1+X"旅行策划指导师、民宿管家、前厅运营管理、餐饮服务管理等职业技能等级证书等礼仪标准,落实立德树人根本任务,推进"岗课赛证"改革。

5.教材中所用的高清图片、操作视频来自团队实拍企业真实工作场景、真实工作状态,数字资源大部分来自课程教学团队建设的国家在线精品课程"旅游礼仪"和"魅力沟通"及虚拟仿真实训平台,便于教师进行混合式教学,学生可以根据自己的时间、需求进行个性化学习。

本教材是由学校教师和行业、企业专家共同编写的,情境一由陕西职业技术学院刘昉编写;情境二由陕西职业技术学院何叶、国际注册高级礼仪培训师任静编写;情境三由陕西职业技术学院寇照编写;情境四由西安市金牌导游史伟婷编写;情境五由陕西职业技术学院雍玉凤编写;情境六由英文高级导游洪娟丽,西安市金牌导游史伟婷,西安旅游股份有限公司崔宁编写;情境七由陕西职业技术学院张园,西安市未央区餐饮行业协会会长吴楠编写;情境八由陕西职业技术学院张巧莲、李峻,黑河国家森林公园商继增编写。

本书可作为高等职业院校、中等职业学校、本科院校的人文素质教育教材,也可作为旅行社、星级酒店、旅游景区的培训教材,对于其他旅游从业人员亦有参考价值。

由于编者水平有限,时间仓促,书中难免有疏漏和不足之处,恳请广大师生和旅游企业专家批评指正,以便日后更臻完善。

编 者
2023年1月

目录
CONTENTS

情境一　唤醒礼仪意识 ···································· 1

　项目 1　礼仪渊源 ···································· 2

　项目 2　礼仪原则 ···································· 14

情境二　管理第一印象 ···································· 23

　项目 1　妆容得体 ···································· 24

　项目 2　仪表端庄 ···································· 31

　项目 3　仪态优雅 ···································· 37

　项目 4　表情亲和 ···································· 48

情境三　立足校园礼仪 ···································· 57

　项目 1　尊师重道 ···································· 58

　项目 2　生生互助 ···································· 63

　项目 3　文明校园 ···································· 69

情境四　注重社交礼仪 ···································· 75

　项目 1　见面礼仪 ···································· 76

　项目 2　电话礼仪 ···································· 85

　项目 3　网络礼仪 ···································· 93

情境五　加强面试礼仪 ···································· 103

　项目 1　个体面试 ···································· 104

　项目 2　群体面试 ···································· 113

情境六　旅行社服务礼仪 ... 121

项目1　导游服务 ... 122
项目2　门市咨询 ... 131
项目3　研学服务 ... 139

情境七　住宿业服务礼仪 ... 145

项目1　民宿管家 ... 146
项目2　餐饮服务 ... 159
项目3　客户管理 ... 169

情境八　景区服务礼仪 ... 181

项目1　讲解服务 ... 182
项目2　前台接待 ... 192

参考文献 ... 202

参考在线课程资源 ... 204

【情境与角色背景】

今年秋季杨帆、吕亮、文静、马丽四位同学进入大学校园,成为旅游专业大一的新生。李仪老师是礼仪课程教师,引导同学们养成良好文明礼仪习惯。要想由在校大学生到初入职场的"小白",再转变为文旅精英人士,除了有过硬的专业知识和出色的工作能力之外,还需要厚植家国情怀、具备职业素养、传承中华优秀礼仪文化,建设时代礼仪文明。

李仪老师,女,30岁,举止端庄,风度优雅,亲和友善,善于沟通。

杨帆同学,男,18岁,积极热情,快人快语,大大咧咧,不拘小节。

吕亮同学,男,19岁,小心谨慎,观察力强,努力向上,勇于担当。

文静同学,女,18岁,性格温和,为人谨慎,克制忍让,做事稳妥。

马丽同学,女,18岁,性格开朗,表达力强,善于交际,情绪鲜明。

让我们和他们一起共同学习和成长吧!

情境一　唤醒礼仪意识

【情境导入】

今天是李仪老师的第一堂课，为了帮助四位同学正确认识礼仪的概念，深刻理解礼仪的精神内涵，抓住礼仪的核心真谛，她从许慎《说文解字》中对于"礼"的解释开始，追溯礼仪根源，以古礼窥今礼。由此出发，让我们跟随四位同学一起穿越时空，拜谒礼圣周公，问礼之精华，仰礼之德目。

礼的演变

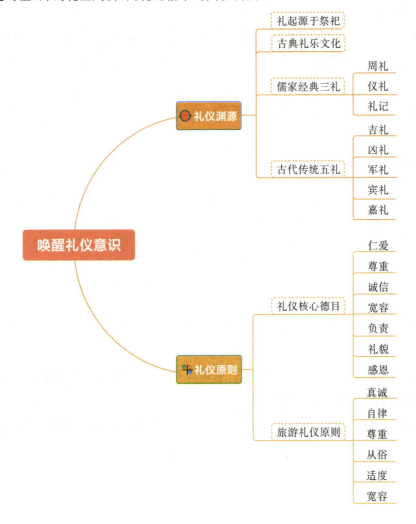

项目 1　礼仪渊源

情境导入

课堂上,四位同学对中华传统礼仪有不同的看法。杨帆认为,传统礼仪过于繁复,在日常工作和生活中,只需掌握现代礼仪要求。文静认为细节决定品质,不注重细节就是缺乏道德的体现。马丽认为传统礼仪讲究尊卑,不像西方礼仪讲究平等。而吕亮认为,在中国文化中,礼作为一个标准,是中华民族优秀传统文化的基石。中华礼仪的特点是彼此把对方作为尊者,而把自己当作卑者;传统礼仪教我们学会礼尚往来,培养谦逊、敬贤、尊老的美德。

> **传统礼仪小贴士:**
>
> "鹦鹉能言,不离飞鸟;猩猩能言,不离禽兽。今人而无礼,虽能言,不亦禽兽之心乎?夫唯禽兽无礼,故父子聚麀。是故圣人作,为礼以教人。使人以有礼,知自别于禽兽。"
>
> ——《礼记·曲礼上》
>
> "礼尚往来。往而不来,非礼也;来而不往,亦非礼也。"　　——《礼记·曲礼上》

学习任务

(1)中国为何被称为"礼仪之邦"?礼仪古今涵义的区别和联系是什么?
(2)在日常生活中,我们应当学习哪些优秀的传统礼仪文化?
(3)帮助四位同学提升对礼仪核心内涵的整体认知。

学习目标

知识目标:能够界定传统礼法、礼制和礼义的内涵和意义,能够说出中国传统礼仪对当今社会产生的影响。

能力目标:能够借鉴优秀传统礼仪文化,能够辨析并舍弃不合时代发展的礼仪内容,自觉在社交生活中进行自我约束,规范言行。

素质目标:认识到中华优秀传统礼仪文化的博大精深,厚植家国情怀,树立民族自信,提升职业素养和人文修养。

相关知识

一、礼仪源于祭祀

礼仪起源

据考古发现和文献记载,礼仪起源于祭祀。在生产力水平低下的远古时期,人们的知识水平有限,无法从科学的角度来解释自然规律和生产中的矛盾与变化。把自然界的各种规律都归于鬼神之说,只能通过举行某种特殊的祭祀礼仪来表达对天地鬼神的敬畏和祈求。

东汉许慎的《说文解字》对"礼"字的解释是这样的:"履也,所以事神致福也。"意思是实践约定的事情,用来给神灵看,以求得赐福。"礼"字是会意字,可以分析出,"礼"字与古代祭祀神灵的仪式有关。古时祭祀活动不是随意地进行,它是严格地按照一定的程序和方式进行的。郭沫若在《十批判书》中指出:"礼之起,起于祀神,其后扩展而为人,更其后而为吉、凶、军、宾、嘉等多种仪制。"

在阶级和国家出现后,礼仪活动更加频繁,从祭祀扩展到政权建设,礼仪的内涵相应扩大,形式越发规范,逐步形成典章制度。自周朝起,礼制在中国的推行已逾3000年,作为礼乐政治的典范,周王"制礼作乐"、孔子"克己复礼"是中国文化道德中重要的转折点,形成了"上下有义,贵贱有分,长幼有序,贫富有度"的礼仪制度。

二、古典礼乐文化

礼乐文化是古人将"礼教"与"乐教"并提而形成的教化体系。以礼为教,用以节制外在的言行;以乐为教,用以节制内心的欲望。礼与乐互为表里,教化世人规范行为、节制欲望,使社会稳定有序,是周公制礼作乐的本意。

周公,姓姬,名旦,乃周文王姬昌之子,周武王姬发之弟。西周初年,武王早逝,周公辅政七年,再还政于武王之子。辅政期间,周公制礼作乐,成为中华礼乐文明的奠基人。

周公辅政期间创立以嫡长子继承法为核心的宗法制度和以维护中央集权统治为目的的礼法制度,其思想的核心是"乐统同,礼辩异",希望以礼乐制度建立等级分明、秩序井然的社会。这种制度虽然具有一定的时代局限性,但周公强调的"民为邦本""明德慎罚",希望社会能在等级尊卑的基础上建构和谐,在当时体现出相对进步的思想。

同时,周公将制礼作乐与德性相联,意味着遵守礼乐秩序就是有德的表现,那么人便能"以德配天"。礼乐制度,从国家的层面上,让治国有章法;从社会的角度看,让行事有标准;从伦理关系出发,个体修身养性,家庭稳固和谐,最终促成了天下一统、"礼乐文章八百秋"的空前盛世。

由此看出,"礼仪"从来就不等同于"礼貌",古人用礼维系血缘纽带、协调人际关系、维护社会秩序、提升品德修养,这些构成了传统礼仪的基本功用。在当今社会,"礼仪"已不再作为典章制度出现,但"礼仪"和"礼节"依然归于道德范畴,规范了人们的行为习惯和言谈举止。

三、儒家经典三礼

西周末年,烽火戏诸侯,至幽王失国,"周衰,礼废乐坏"。面对宗法旧秩序大乱的局面,孔子倡导"克己复礼",为重整政治生活和精神生活的秩序奔走,创立了儒家学说。孔子教学生"六艺":礼、乐、射、御、书、数,以礼为首科;他修《诗》《书》,订《礼》《乐》,赞《周易》,作《春秋》,后世尊称为"六经"。其中《礼》又称《仪礼》,和《周礼》《礼记》并称为"三礼",最早的中华礼仪都记录在这些礼经之中,呈现出礼乐文化的理论形态。

传统礼仪小贴士:

"乐者,非谓黄钟大吕弦歌干扬也,乐之末节也,故童者舞之。铺筵席,陈尊俎,列笾豆,以升降为礼者,礼之末节也,故有司掌之。乐师辨乎声诗,故北面而弦;宗祝辨乎宗庙之礼,故后尸;商祝辨乎丧礼,故后主人。是故德成而上,艺成而下;行成而先,事成而后。是故先王有上有下,有先有后,然后可以有制于天下也。"

——《礼记·乐记》

1.《周礼》

《周礼》又称《周官》或《周官经》,是古老的官制系统文献,主要记载了周王室官制和战国时代的各国典章制度。有传《周礼》是"周公摄政太平之书",但其实只是保留了部分制礼作乐的内容,且主要成书于战国儒者汇编。其基本内容中关于国家机构的设置,奠定了后代吏、户、礼、兵、刑、工六部行政机构的制度规范,有很高的史料价值。

2.《仪礼》

《仪礼》又称《礼经》或《士礼》。《仪礼》是春秋战国时期的礼制汇编,记载了先秦贵族日常生活的具体礼仪。其包括了祭、丧、冠、婚、射、乡、朝、聘八个方面的礼仪程序,所规定的礼制非常细致,其中包含了对思想修养和行为规范的教化意蕴,具有很强的实用性。后世许多贵族礼仪皆源于此,并深刻影响到日本与朝鲜的礼俗文化。

3.《礼记》

《礼记》是儒家礼学论文集,是孔门七十子和再传、三传弟子们所记孔子讲礼的文字,由汉朝戴圣整理成书,主要记载和论述先秦的礼制礼仪,记述修身做人的准则。此书内容广博,门类杂多,涉及政治、法律、道德、哲学、历史、祭祀、文学、日常生活、历法、地理等,且补充了许多《仪礼》未记载的内容。

传统礼仪小贴士:

"凡人之所以为人者,礼义也。礼义之始,在于正容体、齐颜色、顺辞令。容体正,颜色齐,辞令顺,而后礼义备。"

——《礼记·冠义》

四、古代传统五礼

传统礼仪的内容非常广泛,根据"三礼"记载,古人把礼主要分为五大类:吉礼、凶礼、宾礼、嘉礼、军礼,即中国古代五礼。祭祀之事为吉礼;丧葬之事为凶礼;宾客之事为宾礼;亲和他人之事为嘉礼;军旅之事为军礼。

吉礼:居五礼之首,其主要内容是祭祀礼仪,旨在祈求神灵的保佑。吉礼的核心是祭神和祭祖,祭祀的对象包括天神(祭天上神灵)、地士(地祇,祭山川河流)、人鬼(祭祖先英雄)。除此之外,后世又出现以孔子为首的圣贤和根据需要创造的怪神、瑞兽、厉鬼等。

凶礼:《周礼·大宗伯》规定其内容是"哀邦国之忧"。凶礼主要包括哀悼死者的丧礼、赈灾救济的荒礼、消灾祈禳(ráng)的灾礼、援助同盟国的襘(guì)礼、战争慰问的恤礼等,是古代社会对各种严酷情况的尽哀,既为了追思,更为了警惧,是"慎终追远"。

宾礼:谦让、交往之礼,其核心价值是礼尚往来,突出君子的谦恭,如"三礼"中严格规定了面见不同身份的对象需携带不同等级的礼物;面见前宾主双方反反复复相互谦恭。宾礼主要包括诸侯朝拜天子、天子会见诸侯的朝觐礼,各国诸侯之间联络感情的聘问礼和士大夫之间的相见礼,相比较诸侯的朝觐之礼,聘问之礼和相见之礼更具有社会史意义。

嘉礼:各类喜庆之事的礼仪总和,是五礼中内容最为庞杂的礼仪类别。其主要内容包含冠礼,即成人礼,旨在培养君子;昏礼,即婚礼,旨在合两姓之好;乡饮酒礼,即宴饮礼,旨在尊老礼贤;乡射礼,即习射礼,旨在揖让恭敬;其余包括饮食之礼、宗族兄弟饮酒聚餐之礼、天子飨宴诸侯之礼、巡守之礼、贺庆之礼等,总之"以嘉礼亲万民",其核心价值是君子之德的养成。

军礼:是关于战争的礼数,主要包含祭祀军神、出征誓师、献俘奏捷、论功行赏、均摊税役、考察阅兵、战后重新确认边疆等。因军事有别于日常生活与政治生活的独特性,故独立于其他礼仪形式而自成一套包含仪式、政策、活动的体系。其核心在于营造军事空间的神圣感,鼓舞士气、团结人心。

任务分析

今天,很多传统礼仪因时代的变迁已不再受人关注,有的也不再被人理解。那么,我们是否还有必要去了解和学习礼仪?答案是肯定的。中国古代五礼中的大部分内容已不再适用于当今社会,但具有人生转折意义的冠礼与昏礼,影响至今;强化伦理秩序的乡饮酒礼,提升人格修养的乡射礼,其秩序观念于今仍有启示意义……

通过学习古代礼仪,可以规范我们的人际交往,培养待人接物的品德内涵。

传统礼仪小贴士：

"毋抟饭，毋放饭，毋流歠，毋咤食，毋啮骨，毋反鱼肉，毋投与狗骨。毋固获，毋扬饭。饭黍毋以箸。毋嚃羹，毋絮羹，毋刺齿，毋歠醢。客絮羹，主人辞不能亨。客歠醢，主人辞以窭。濡肉齿决，干肉不齿决。毋嘬炙。卒食，客自前跪，彻饭齐以授相者，主人兴辞于客，然后客坐。"

——《礼记·曲礼上》

任务准备

(1)查看相关在线课程资源，熟知"礼乐文化""三礼"等相关传统礼仪文化知识。

(2)画一张思维导图，思维导图中包含你已掌握了的礼仪修养和道德规范，哪些知识点是你认为较困难的？哪些是你觉得应该提升的？

(3)以小组为单位，就古代礼仪这一知识点进行讨论。

任务实施

(1)依传统礼仪，规范举止仪容、行动态度，见表1-1。

表1-1 规范对照表

行为	内容	要求
"若夫，坐如尸，立如齐""立必正方，不倾听"	要想做一个君子，坐姿要端正，站姿要恭敬，切忌倾斜，避免让人误以为在偷听	坐姿、站姿要求，个人自我约束
"矩步引领，俯仰廊庙，束带矜庄，徘徊瞻眺""君子之容舒迟，见所尊者齐遬"	走路要合规矩，抬头挺胸，挺拔引颈，或俯或仰，要如同在朝庙中一样庄重。君子步态应看上去舒雅从容，见了尊者要显得恭敬谨慎	走路姿态要求，身体挺拔、步伐稳健、步态恭正
"食不语，寝不言"	饮食、睡觉也要时刻注意端正	养成良好行为习惯，举止仪容要端正
"疑事毋质"	如果对一件事有疑惑，或者对某件事起了疑心，想要得到真实的回答，不能在心里先有一个主观看法，不要有成见	保持谨慎，避免错误的怀疑可能对他人造成伤害
"户开亦开，户阖亦阖。有后人者，阖而勿遂"	门原来是开着的，还应该开着；门原来是关上的，就应该随手关闭。如果知道身后有人还要进入，就不可立刻把门关上，但要摆出关门的姿势	进门前后的关门礼仪，细节决定成败

续表

行为	内容	要求
"临财毋苟得,临难毋苟免。很毋求胜,分毋求多"	做人应该既不贪恋小利,也不胆小怕事;既不求胜心切,也不索取过多	节制欲望,勇于担当
"登城不指,城上不呼"	登上城墙时不应指指点点,也不能随意呼唤	公共场合避免打扰他人
"食不厌精,脍不厌细。食饐而餲,鱼馁而肉败,不食。色恶,不食。臭恶,不食。失饪,不食。不时,不食。割不正,不食。不得其酱,不食。肉虽多,不使胜食气。惟酒无量,不及乱。沽酒市脯不食。不撤姜食。不多食。"	食物不嫌做得精美,鱼肉不嫌切的精细。食物放久就不可食用;食物颜色难看不食用;气味不好不食用;烹调不当不食用。不合时令的,不食用。肉切得不正的,不食用。没有适合的酱,不食用。肉即使很多,食用时不要过量。只有酒不限量,以不喝醉为限。买来的酒和熟干肉,不食用。进食时不必除去生姜,但不要多吃	养成良好的饮食习惯,不胡吃海塞,不吃不洁、过期的食物;按时吃饭,合理搭配,不能醉酒等
"言语之美,穆穆皇皇"	言语之美,在于谦恭、和气、文雅	态度虔诚恭敬,说话谦虚有礼

(2)按照人际交往的行为准则,提高社交能力,见表1-2。

表1-2 人际交往行为准则对照表

行为	内容	要求
"户外有二屦,言闻则入,言不闻则不入"	屋门外有两双鞋的时候,能听见里面说话的声音就进去,听不到就不进去,因为别人在里面可能在聊私密或者私事	避免给他人造成不必要的麻烦,造成他人不便
"将上堂,声必扬""将入户,视必下"	进入房间时,要高声询问,以提醒屋内人注意,避免突然出现惊扰到他人。正式进屋时,视线要向下,避免东张西望	尊重他人,注意言谈举止的细节
"贤者狎而敬之,畏而爱之"	在亲近贤人时,要注意绝不能超出敬畏这个标准;人与人之间要保持一定距离,尤其当仰慕某人时,要注意分寸	为人处世有分寸,亲近他人有限度
"见齐衰者,虽狎,必变。见冕者与瞽(gǔ)者,虽亵,必以貌"	遇到服丧或有残疾的人,要收敛原来的嬉笑态度,转变为庄重、理解	随时体谅他人的情绪,注意交流的对象和环境
"离坐离立,毋往参焉;离立者,不出中间"	看见两人交谈,不可随意插话、参与	不打断他人交谈,不干扰他人私事

续表

行为	内容	要求
"凡为人子之礼:冬温而夏清,昏定而晨省"	对做子女的人的要求是:冬天使父母过得温暖,夏天使父母过得凉爽。晚上为父母铺好床褥,早上早早给父母请安	为人子女,必先关心父母的身体状况
"夫为人子者,出必告,反必面,所游必有常"	外出必须告诉父母,回来也要告诉父母,出游要有个常去的地方,要让父母知道子女的行踪	关心父母的心理状况,避免在行动上让父母担忧
"不苟訾(zǐ),不苟笑"	不能指责父母,不能嘲笑父母	避免让父母伤心,不要用言语伤害他人
"遭先生于道,趋而进,正立拱手"	在路上遇见师长,应快步上前,正身行礼	遇见长者,应主动礼貌问好
"侍坐于先生:先生问焉,终则对"	师长向自己提问时,要等师长把话说完,才作回答,避免会错意	耐心倾听,仔细分析,言之有物
"君子不失足于人,不失色于人,不失口于人"	有道德的人对人应该彬彬有礼,不能态度粗暴,也不能出言不逊。	与人交往注重礼仪姿态,举手投足注意修养,做事要有尺度和分寸
"可与言而不与之言,失人;不可与言而与之言,失言"	当默则默,当语则语	言谈要有礼有节,知道什么该说什么不该说
"盘盏洁净,茶少堪称,是菜是酒,不可浊混"	招待客人时,餐具、饭菜干净卫生	待客之道

(3)古代礼仪情景绘画练习。

各小组画出自己心中的古代礼仪画面,小组代表进行展示,并说出画面意义所在。

画面主题:
画面意义关键词:
绘画处:

情境一　唤醒礼仪意识

任务评价

(1)做评价:按照"三礼"中的行为规范、交际准则,在生活中约束自己的行为、习惯,对照表1-3打分。

(2)找问题:下课后,杨帆和马丽虽然认识到传统礼仪文化对现代社会的重要性,但仍然认为我们在面对传统礼仪时应当取其精华,去其糟粕,你认为呢?

表1-3　礼仪规范对照表

项目	分值	要点	自评	互评	师评
行为习惯	20	坐、站、行、饮食			
孝顺父母	30	关心、体谅父母			
社交礼仪	30	姿态仪容、谈吐语言			
举止细节	20	自我约束、规范言行			
自我认知(对照传统礼仪规范的道德要求,和本组成员相互讨论,对于传统礼仪我们应如何借鉴和发扬?)					
收获与改进(从礼仪渊源的角度出发,思考中华礼仪古今含义的区别和联系)					

(3)请学生代表和教师根据各小组展示的结果,对学生的学习成果做评价,填入表1-4。

表1-4　学习成果评价表

礼仪的起源	传统礼仪文化的道德内涵	中华传统优秀礼仪继承	小计

注:每个项目分3、2、1三个等级,3代表优秀,2代表良好但有改进空间,1代表有瑕疵。请评选出班级传统优秀礼仪文化小达人。

知识拓展

(1)查找古代传统礼仪文化中关于"五礼"的知识,谈谈你对古代传统礼仪文化的认识。

(2)观察身边令你印象深刻的礼仪小故事,和同伴讨论礼仪对于个人成长的意义和价值。

五礼图解

项目 2　礼仪原则

情境导入

周末的下雨天,文静和马丽在咖啡馆正因为礼仪修养调查报告而犯愁。李仪老师要求每组自行设计与制作礼仪调查表(调查对象、调查形式不限)。这时,一位年轻的女士进到咖啡馆,她在进门前先蹭掉脚上的泥土,进门后又轻轻将门关上。文静和马丽觉得这位女士很懂礼貌,做事仔细,就继续观察起来。当看到年迈的老人时,她立即起身让座;与那位老人交谈时,她谈吐温文尔雅,思维十分敏捷。文静和马丽立刻有了方案,她们决定做访问调查,而对象就是这位女士……

学习任务

(1)在日常的生活、工作和社交实践中,你认为一个人的哪些行为能够体现礼仪修养?

(2)上述案例中年轻女士的行为和细节,体现了哪些社交礼仪的原则和内容?

(3)请你帮助文静和马丽完成调查报告吧。

学习目标

知识目标:掌握礼仪的核心德目和基本原则。

能力目标:能够遵循礼仪基本原则,在日常生活、学习、工作及社交实践中自觉按照礼仪规范待人接物。

素质目标:树立知礼、懂礼、学礼、行礼、用礼、回礼、尚礼的礼仪意识,培养良好职业素养和职业规范。

相关知识

现代礼仪就其外在形式而言比古代礼仪简化了许多,但是其内容却因为社会的飞速发展而变得更加多元,但是,万变不离其宗的是礼仪所承载和传递的"仁德"理念。礼的首要含义是"仁德之心",其次的含义才是具象的礼节;"仪"是外在的表现。现代礼仪即为人们在社会生活实践中承载与表达仁德、尊重之心的礼节和仪式。礼仪决定了你到底能走多远——内在修为决定外在言行的执行效率,外在言行是内在修为的表现和承载。所以俗话说,学艺先学礼,学礼先修身。

一、礼仪核心德目

1. 仁爱

仁爱之心是维系亲情、友情、爱情等所有人与人之间、人与物之间、人与自然之间亲密情感和良好关系的必要前提。内心仁爱者才能传递正向价值观,才会有道德底线的自我约束,才会以宽和的眼光看待世界。

> **传统礼仪小贴士:**
> "不仁者不可以久处约,不可以长处乐。仁者安仁,知者利仁。" ——《论语》
> "有德者,必有言。有言者,不必有德。仁者,必有勇。勇者,不必有仁。" ——《论语》
> "君子所以异于人者,以其存心也。君子以仁存心,以礼存心。仁者爱人,有礼者敬人。爱人者,人恒爱之,敬人者,人恒敬之。" ——《孟子·离娄下》

2. 尊重

孔子曰:"礼者,敬人也。"有教养的人懂得尊重他人,更懂得自尊。所谓自尊就是要谨言慎行,尊重自己的人格,做到自律、自爱、自立、自强,摒弃虚荣心。尊重他人,就要尊重他人的人格和选择,不能厚此薄彼、区别对待,不可失敬于人,更不可伤害他人尊严。

孟子休妻

3. 诚信

诚信有诚实、守信两层含义,诚实意味着真诚,守信反映一个人的信誉度。真诚是对人对事的一种实事求是态度,在人际交往中,不自欺也不欺人,便能很快得到他人的信任。守信可以作为个人进入社会的敲门砖,为建立良性人际关系打下坚实基础。诚信一方面需要奉献精神,一方面需要自律意识,重在践行。

4. 宽容

在人际交往中,由于个人经历、文化、修养等因素而产生的差异不可能消除,这就需要求同存异、相互包容。内心宽容者允许他人自由行动或判断,对不同于自己或传统观点的见解要耐心、公正地对待。宽容需要换位思考,这样不仅有利于解决问题,同时可以扩展思路。

5. 负责

负责即担负责任,它是个人对自己和他人、对家庭和集体、对国家和社会所负责任的认识、情感和信念,以及与之相应的遵守规范、承担责任和履行义务的自觉态度。家庭中有孝敬父母、教育子女的责任;工作中有精益求精、尽心尽力的责任;生活中有自觉遵守社会公德、自愿承担应尽义务的责任;在做错事情或出现问题的时候,要勇于承担后果、敢于主动认错、善于不断自省。

6. 礼貌

礼貌是教养的外在表现形式之一,它是人类在长期共同生活和相互交往中逐渐形成的,并且以风俗、习惯和传统等形式固定下来。礼貌的具体内容包括整洁的穿着配饰,安静、得体的言行举止和良好的行为习惯。

7. 感恩

《现代汉语词典》对"感恩"有两层解释:一是对别人所给的帮助表示感激;二是对他人帮助的回报。感恩不只是"谢谢"两个字,它需要用心、用行动证明;感恩不仅仅是知恩图报,更不是等价交换,它是一种发自内心的大爱与尊重。

二、旅游礼仪原则

心中有"礼",言行才能有"礼"。礼仪的原则是指人们在社会交往中处理人际关系的基本法则与标准。它对礼仪行为具有规范作用,它是正确施行礼仪和达到礼仪目标的基本规则,要求人们去遵守、去坚持。

从俗原则

旅游礼仪是在旅游接待服务过程中,对旅游者表示尊重和友好的一系列行为规范。旅游礼仪以礼仪为基础,结合旅游活动过程中涉及的各个方面,以礼貌待客为指导思想,以真诚、自律、尊重、从俗、适度、宽容为基本原则。

> **传统礼仪小贴士:**
> "莫见乎隐,莫显乎微。故君子慎其独也。" ——《礼记·中庸》
> "是故君子戒慎乎其所不睹,恐惧乎其所不闻。" ——《礼记·中庸》
> "敖不可长,欲不可从,志不可满,乐不可极"。 ——《礼记·曲礼上》

任务分析

礼仪不是表面形式,是发自内心的爱与恭敬,礼仪的精髓就在于内在与外在的和谐、高度统一。掌握礼仪的原则,规范和约束自身的行为,是自身修养和素质逐步提升的过程。

任务准备

(1)观察生活中让你讨厌或不当的行为,以小组为单位进行分类汇总,分析这些行为的特点是什么。

(2)各小组利用课余时间,在教室、寝室、食堂、图书馆等公共场所,用照片记录能够反映或违反礼仪六项基本原则的行为、习惯。

(3)以礼仪六项基本原则为主题,各小组进行讨论研究,将主题进行细化拓展,合理设计场景。

任务实施

一、典型礼仪案例和不当礼仪行为情景练习

请通过日常观察,列举一些遵守礼仪原则和违背这些原则的行为,填入表1-5。

表1-5 得体礼仪行为和不当礼仪行为

礼仪基本原则	遵守礼仪原则的行为	违背礼仪原则的行为
真诚原则(真心实意、诚实无欺、言行一致、表里如一、恪守信用、履行承诺)		
自律原则(自我要求、自我约束、自我控制、自我对照、自我反省、自我检点)		
尊重原则(互谦互让、互尊互敬、礼貌相待、一视同仁、因人而异)		

续表

礼仪基本原则	遵守礼仪原则的行为	违背礼仪原则的行为
从俗原则（入国问禁、入乡随俗、入门问讳，忌目中无人、指手画脚、随意批评或否定）		
适度原则（把握分寸、合乎规范、举止得体、恰到好处、感情谈吐适度、举止装扮适度）		
宽容原则（与人为善、胸怀宽广、将心比心、包容体谅、换位思考、理解共情）		

二、礼仪基本原则人体雕塑主题活动

展现主题：
（贴照片处）

注意事项：

(1)提前查看相关在线礼仪课程资源,预习礼仪核心德目的基本概念,并对照礼仪基本原则将记录的照片贴入礼仪基本原则人体雕塑主题活动表中。

(2)各小组在课堂上进行人体雕塑活动(教师给出一个明确的主题,或让各小组抽选不同主题,学生分组进行研究讨论,将主题进行细化拓展,合理设计场景,学生扮演雕塑,以静态的、无声的雕塑模型展现相应的主题),拍摄人体雕塑照片来展现相应的主题,并请小组代表诠释主题和设计意图。

(3)根据课堂学习和主题活动的成果,各小组以"大学生礼仪素养的培养"为主题,做总结报告。

任务评价

(1) 找问题：请各组选择不同行业，以"职业礼仪"为主题完成调查报告。你知道不同行业服务标准和礼仪基本原则的区别和联系是什么吗？

(2) 做评价：各组按照情景练习和主题活动的完成度，对照表1-6打分。

表1-6 完成度评价表

项目	分值	要点	自评	互评	师评
礼仪基本原则	40	①基本原则内涵的理解 ②延伸的行为习惯认知 ③选择的典型案例情景			
人体雕塑	30	①主题的细化拓展 ②合理的场景设计 ③反映的社会现象			
总结报告	30	①反映问题的针对性 ②解决问题的有效路径 ③结论的科学逻辑性			
自我认知（提高自身礼仪修养的途径）					
收获与改进（坚持礼仪六项基本原则的要求）					

能力拓展

(1) 查找旅游行业对客服务标准，将专业规范和礼仪原则相结合，在各个岗位操作流程中体现礼仪素养。

(2) 帮助身边人有意识地培养礼仪素养，并为其讲解礼仪核心德目的内容和礼仪基本原则的要求。

情境二　管理第一印象

【情境导入】

早晨6点,同学们被闹铃叫醒,开始了旅游岗位认知周的第一天。认知周的目的是让新生了解旅游行业(如旅行社、星级酒店、旅游景区等)的发展现状及趋势,明确旅游行业的相关岗位设置及其对从业人员的素质与技能要求,以坚定学生的专业信念,增强学生的专业自觉学习意识,为实现专业培养目标奠定坚实基础。这是同学们第一次去知名的旅游企事业单位参观,大家也高度重视,黄金三秒定印象,良好的第一形象能够展示出个人的修养和专业水准,表示对他人的尊重和友善。让我们跟随四位同学从头开始,管理好我们的第一形象吧!

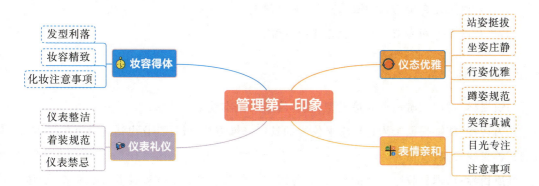

项目1 妆容得体

情境导入

去旅游企业认知参观的时候,文静和马丽想要展现出美丽的形象,于是初学化妆的两个女生,把自己的脸当调色板,做了各种尝试。文静认为化妆就是描眉画眼,于是在宿舍化妆时,没有涂粉底液等其他化妆品,只涂了大红色的唇膏,突出了一张嘴;粗粗的黑色眉毛,又长又弯,像个大括号儿,看上去十分生硬不自然。马丽的脸和脖子有明显的"分界线",像在脸上戴了面具一样;她身穿蓝色小西服,画着橘红色的唇膏……

学习任务

(1)化妆对我们生活和工作有什么重要意义?
(2)针对以上几种情形,化妆时应注意哪些问题?
(3)请帮助文静和马丽设计一款适宜的日常妆容。

学习目标

知识目标:说出旅游从业人员发型、妆容修饰的基本规范和要求。

能力目标:能够根据个人特点掌握仪容的具体修饰方法,设计并化出适合自己的职业妆,审视和完善自我形象。

素质目标:认识到妆容得体的重要性,运用职业妆容礼仪传达职业素养和职业规范,体现爱岗敬业的意识。

相关知识

仪容是外表美的重要组成部分,适当修饰打扮可以增加自信,又能体现出对他人的尊重。旅游从业人员根据自身特点,设计适合自己的发型和妆面,既要体现出自己的职业素养,又能展现旅游企业形象。旅游从业人员必须做到化妆上岗、淡妆上岗。

一、发型利落

整洁的头发、得当的发型会使人精神抖擞、容光焕发。文旅从业人员的发型选择既要符合美观大方、干净整洁和方便工作的原则,又要与自己的发质、脸型、体型、年龄、气质相符,这样才能给人以整体的美感,彰显利落、大方的职业气质。

女士长发按照要求盘起,或者扎成马尾,女士短发要求前发不遮眉,后发不过肩。男士头发在3~7厘米即可,前发不遮眉,侧发不掩耳,后发不及领,不留长发、不烫发、不染发,如图2-1、图2-2所示。

图2-1 女士发型

图2-2 男士发型

二、妆容精致

1. 了解皮肤状况

皮肤肤质一般分为油性、干性、混合性、敏感性、中性五种。

油性肌肤:皮脂溢出型皮肤,皮脂腺分泌旺盛,角质层皮质与含水量不平衡,皮脂分泌过多使皮肤毛孔粗大,易粘附灰尘,藏留污垢,容易出现痤疮。干性肌肤:皮脂腺分泌功能不活跃,表皮干燥、脱屑,尤以鼻子两颊部位明显,较易出现皱纹及色素沉着等老化现象。混合性肌肤:皮脂、水分的分泌区域不均匀,混合性肤质的特征是在脸部的不同区域,肤质具有较大差异性。敏感性肌肤:面部皮肤在接触外界各种刺激,如日光、冷、热,及化妆后,比较容易出现红斑、丘疹,自觉瘙痒或刺痛,用敏感物质进行斑贴试验反应为阳性。中性肤质:介于油性与干性皮肤之间,其角质层含水量与皮脂分泌量适宜,表面红润光滑细腻,富有弹性。

了解肤质

2. 明确化妆方法

(1)调肤色:根据个人皮肤情况,选择与皮肤颜色最相近的粉底打底,采用点按的手法,少量多次将粉底延展开,让肤色均匀;用粉扑按、压面部上粉;用散粉刷蘸取散粉,轻扫面部,进行定妆。

(2)修眉毛:将眉毛修剪成适合自己的眉形,眉色接近发色,找准眉头、眉峰、眉尾位置,画出跟脸型相符的眉毛。

(3)画眼妆:亚洲人皮肤偏黄,眼影首选大地色,可以深化眼部轮廓,让眼睛更有神。眼影浓淡适宜,有层次感,颜色协调一致;根据眼型描画眼线,要注意睫毛弯翘的弧度适中,下眼线和下睫毛的处理要自然。

灵动眼妆

(4)打腮红:对着镜子微笑,在两颊凸起的笑肌位置,用粉刷轻扫刷上腮红即可。

(5)画唇妆:口红的颜色要与肤色、腮红协调一致(图2-3);依原有唇型勾画出细而实的唇线,在唇线内的唇面上涂上唇膏,以张开嘴唇,唇角不露唇本色皮肤为标准(图2-4)。

腮红打法　　唇妆画法

图2-3　打腮红　　　　　　　　图2-4　画唇妆

三、化妆注意事项

1. 淡妆上岗

淡妆上岗是每个文旅从业者必备的素质,上班前化好妆,上岗前进行妆容的检查和整理,在游客面前展现自然美和亲和力。

2. 化妆避人

不当众化妆,在工作告一段落或者进餐后,都要检查妆容,去卫生间或者操作间及时补妆。

3. 不评妆容

每个人审美不同,技法熟练程度不一,不随意评论同事或者游客的妆容。

> **传统礼仪小贴士:**
>
> "君子不失足于人,不失色于人,不失口于人。是故君子貌足畏也,色足惮也,言足信也。"
>
> ——《礼记·表记》

任务分析

仪容是外表美的重要组成部分,往往是人们关注的起点,适当的修饰打扮可以增加自信,又能体现出对他人的尊重。文旅从业人员根据审美眼光和自身特点,设计适合自己的发型和妆面,既要体现出职业素养,也能展现文旅企业的形象,同时对游客表示尊重友好,必须做到化妆上岗、淡妆上岗。

 任务准备

任务准备清单如表 2-1 所示。

表 2-1 仪容修饰礼仪工具单

项目	内 容
主要工具	梳子、发圈、U 形卡、眼线、眉笔、口红等化妆用品
其他工具	化妆镜、发胶(啫喱)、粉扑、化妆刷、棉签等
注意事项	课前查看化妆微课,搜集妆容礼仪案例,加强对妆容礼仪重要性的认识

任务实施

一、仪容修饰礼仪情境模拟练习

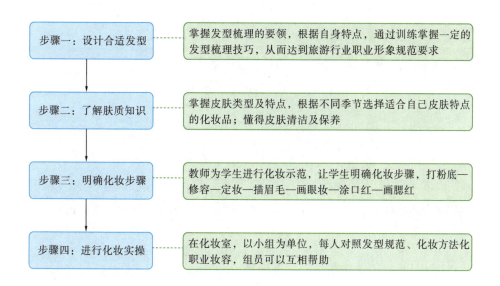

二、仪容修饰礼仪情境模拟注意事项

(1)提前准备好相关发饰及适合自己的化妆品,做好面部清洁和保湿工作。

(2)查看相关在线化妆课程资源,对化妆流程和要求有基本认识。

(3)小组成员讨论旅游礼仪妆容特点,相互给出合理的建议,互相帮助,整体提高。

任务评价

(1) 做评价：假设我们是"文静"或者"马丽"，请按照妆容礼仪要求化妆，对照表2-2打分。

(2) 找问题：若仪容修饰耗时较长（不能在1个小时内完成），应该如何改进？分析一下被扣分的原因，想一想应该如何补救？

表2-2 仪容修饰礼仪评分表

项目	分值	要点	自评	互评	师评
做发型	20	①符合自身特点，长发或扎或盘，短发不过肩； ②刘海不遮挡眉毛，无碎发			
打粉底	10	①涂抹均匀，厚薄适中； ②底妆与肤色协调一致； ③妆面自然			
修眉毛	10	①描画自然，适合脸型； ②与肤色、发色、妆面协调一致； ③浓淡适宜，左右对称，无生硬感			
画眼妆	10	①眼影柔和，与肤色、妆色、服装协调； ②眼影晕染过渡自然，细腻； ③眼线自然、柔和，线条整齐流畅，与眼影协调； ④睫毛修饰后自然上翘，睫毛膏涂刷均匀			
刷腮红	10	①效果自然； ②腮红与肤色、妆色协调			
涂口红	10	①唇形符合妆容特点； ②唇色与肤色、妆色、服装色相协调； ③唇形左右对称			
时间	10	1个小时内完成发型、妆容修饰			
看整体	20	①头发长度适中，发型端庄大方； ②造型符合自身特点，妆容精致得体； ③妆面衔接自然；无卡粉、浮粉现象			
自我认知					
收获与改进					

(3)请教师和学生代表为学生职业妆容做职业形象评价,填入表2-3。

表2-3 职业形象评价表

项目					小计
仪容规范到位	符合自身特点	干净整洁	发型大方	妆容得体	

说明:每个项目分3、2、1三个等级,3代表优秀,2代表良好但有改进空间,1代表有瑕疵。请评选出班级最佳职业妆容奖。

本人妆容照片

能力拓展

(1)在生活中提高自身的化妆技能(可附自己化妆前后对比照)。

(2)查找男士工作妆的修饰要点及化妆品的选择。

(3)帮助同伴选择合适的化妆品,并讲解妆容礼仪的要点与注意事项。

项目 2　仪表端庄

情境导入

马丽是旅游管理专业大一学生,19岁,身高155厘米,体重45千克,热情爱笑,看起来机灵活泼。马丽在岗位认知周得到了一个亲子团跟团的机会,非常重视,进行了精心的准备,她选择了深色套装,带了黑框眼镜增加自身的稳重感。但是她在跟团时发觉研学导师以及游客跟她很疏远,跟团效果不佳。结束后游客反馈认为马丽不像导游,看起来非常严肃,影响了轻松游览的氛围。

学习任务

（1）为什么马丽的精心装扮得不到研学导师及跟团游客的认同？
（2）服饰对我们生活和工作有什么重要意义？
（3）服饰搭配有什么规律？请谈谈你的体会。

学习目标

知识目标：掌握着装搭配礼仪的基本要求、着装搭配的基本技巧,以及文旅从业人员职业着装规范,避免不恰当的着装。

能力目标：能够根据文旅行业的不同场合、岗位要求,选择合适的职业装及配饰,能够使用多种方法与技巧提升职业形象,塑造良好的职业面貌。

素质目标：树立平等的社会交往意识,运用着装搭配礼仪展现个人职业素养。

相关知识

一、仪表整洁

着装 TPO 原则

仪表指容貌举止的准则、模范,是一个人精神面貌的外在体现。文旅从业人员的穿着是企业形象的重要组成部分,如果文旅从业者着装得体大方、干净整洁,就能够给游客带来良好的第一印象,也能直观地展示文旅企业的服务品质。着装要基于着装者的年龄、体型、职业、着装场合,结合服装的款式、色彩、衣料、配饰等来选择适合自己的服饰。只有穿着得体大方,才能展现个人魅力,体现个人品位,从而更好地获得游客的信任,树立良好的企业形象。文旅从业者应时刻保持着装整洁,体现职业素养(图2-5、图2-6)。

图2-5 女士仪表

图2-6 男士仪表

二、着装规范

1. 款式简洁

很多文旅企业(如酒店、景区等)会为员工定做职业装,也就是制服,制服既能标明职业特征,又便于工作。职业装要款式简洁、面料轻柔舒适,适合不同的工作环境。文旅从业者穿上统一规范、简约大方的制服,既能体现职业特点和美感,又能让游客产生信赖感。

2. 尺寸适度

裙长以到膝盖为宜,裤装以到脚踝为宜。袖口不宜太宽太长。裙子过于紧身,不利于工作,限制行动,严重影响服务质量;过于肥大的工作服,会给游客留下没有精神、不严谨、不专业的印象。

3. 鞋袜合脚

文旅从业者活动较多,导游在工作中应穿舒适、合脚的平跟鞋,吸汗透气的纯色袜子。若穿裙子应配肤色长袜,袜口不外露在裤子或者裙子外。不要穿高跟鞋、响底鞋,时刻保持鞋、袜清洁,无异味。皮鞋要有光泽。

4. 配饰恰当

文旅从业人员在工作岗位上佩戴饰物,要符合自己的工作身份和工作场合,所佩戴的饰物不应该过于夸张和华贵,要少而简洁;不能过分张扬,不要在宾客面前炫耀自己的饰品;要根据自己的服装、气质选择佩戴的饰物。一般情况下,文旅从业人员佩戴饰品应该少而精,穿制服时不宜佩戴任何饰品。

三、仪表注意事项

旅游从业者的服装除了要保持整洁、大方、合体外,还应该注意以下几点:

（1）男士衣服必有领子，不能穿圆领汗衫。女士衣服必有袖子，不能穿吊带、露脐装等服装。

（2）在工作岗位上以穿制服为佳，要特别注意领口、袖口须保持清洁、裤子常洗常熨。口袋不要放太多物品，胸卡佩戴端正，在讲解时，不宜佩戴任何饰物。

（3）夏天男士不应穿短裤，不得裸背敞胸。女士不宜穿短裙。男女士均不能卷裤脚、穿拖鞋、背心。

（4）进入室内应摘帽，应脱下大衣、雨衣，室内更不能戴太阳镜。

（5）忌穿过于薄、透的服装。穿着过透或者过度性感，给游客轻浮、不可信任的感觉，是对游客的不尊重。

> **传统礼仪小贴士：**
> "君子正其衣冠，尊其瞻视，俨然人望而畏之，斯不亦威而不猛乎？" ——《论语·尧曰》
> "君子正其衣冠，尊其瞻视，何必蓬头垢面，然后为贤？" ——《魏书·封轨传》

任务分析

旅游从业者相当于形象代言人，文旅企业都特别重视从业者的职业形象，并将着装礼仪作为日常工作规范要求。从业者的着装反映了个人卫生习惯、工作态度和职业形象。旅游从业者要养成良好的卫生习惯，保持着装整洁干净、无异味。尤其在夏季，导游等旅游从业人员工作时应穿颜色清爽的休闲裤等，应该更加注意勤换洗。

任务准备

任务准备清单如表2-4所示。

表2-4 职业形象任务准备单

项目	内容
物品准备	符合着装礼仪要求的旅游从业者工作服、鞋袜（每人一套），正方形丝巾（女生每人一条），领带（男生每人一条），合适的配饰；全身镜（形体房）
教学准备	课前查看仪表微课，搜集仪表礼仪案例，或实拍生活场景仪表照片，加强对仪表礼仪重要性的认识

任务实施

一、仪表修饰礼仪情境模拟练习

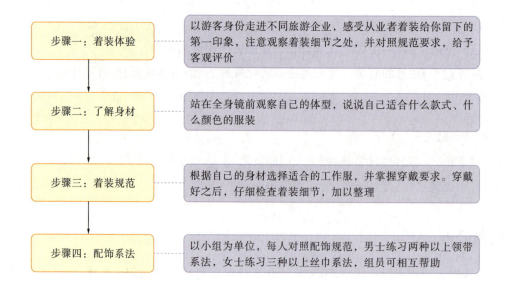

步骤一：着装体验 —— 以游客身份走进不同旅游企业，感受从业者着装给你留下的第一印象，注意观察着装细节之处，并对照规范要求，给予客观评价

步骤二：了解身材 —— 站在全身镜前观察自己的体型，说说自己适合什么款式、什么颜色的服装

步骤三：着装规范 —— 根据自己的身材选择适合的工作服，并掌握穿戴要求。穿戴好之后，仔细检查着装细节，加以整理

步骤四：配饰系法 —— 以小组为单位，每人对照配饰规范，男士练习两种以上领带系法，女士练习三种以上丝巾系法，组员可相互帮助

领带的打法

丝巾平结系法

二、规范仪表礼仪情境模拟注意事项

（1）根据自己的体型，提前准备好相关服装并熨烫平整，准备适合自己的配饰。

（2）查看仪表礼仪在线课程资源，对仪表规范和原则有基本概念。

（3）上课的时候展示自己搭配好的服装，小组成员讨论旅游岗位仪表特点，相互给出合理建议，彼此帮助，整体提高。

任务评价

(1) 做评价：按照仪表礼仪要求，对照表2-5打分。并分析扣分点以及改进的措施。

(2) 根据旅游从业者着装礼仪要求，找出几款适合旅行社导游、酒店、景区工作人员的工作服照片，要求说明选择理由和依据。

表1-3　仪表礼仪评分表

项目	分值	要点	自评	互评	师评
服装规范	60	①按照规定着装并穿戴整齐； ②服装简洁大方，尺寸合适； ③服装上下身的颜色搭配协调； ④服装干净、无破损、油污，熨烫平整； ⑤佩戴的胸牌在规定位置			
鞋袜搭配合适	10	①袜子干净，无破洞，袜子颜色合适； ②鞋子与服装配套			
配饰得当	10	①配饰简洁大方，搭配合适； ②女士丝巾打法正确，造型美观大方； ③男士领带打法正确，造型美观大方； ④配饰和服装协调			
看整体	20	①服装符合个人年龄、身材特点； ②饰物与个人气质、服装搭配得当			
挑选服装：以小组为单位挑选出旅游岗位工作服照片，说明选择理由和依据					
收获与改进（总结适合自己的服装款式、颜色、配饰等）					

(3)请学生代表和教师为学生做职业形象评价,填入表2-6。

表2-6 职业形象评价表

仪表规范到位	服装干净整洁	外套干净整洁、搭配合理	衬衫干净整洁、搭配合理	裤子干净整洁、搭配合理	鞋袜干净整洁、搭配合理	配饰简洁大方、搭配合理	小计

每个项目分3、2、1三个等级,3代表优秀,2代表良好但有改进空间,1代表有瑕疵。评选出班级最佳职业形象奖。

(A)半身照片

(B)全身照片

能力拓展

(1)男性旅游从业者的着装有哪些基本要求?

(2)在日常生活中,旅游从业者的着装与工作时的要求一致吗?参加商务宴会,穿什么样的衣服比较合适?请说明原因。

项目3　仪态优雅

情境导入

杨帆进入天马旅行社门市进行认知实习的时候,刚好经理正在忙碌,觉得杨帆看起来开朗热情,就让他帮忙接待两位游客。游客想要咨询几条旅游线路,杨帆就邀请游客在休息区坐下来,取来旅游宣传册,面对面与游客交流起来。杨帆个子比较高,每次坐下来的时候,总习惯性地跷起二郎腿晃动脚尖。结果两名游客很快就离开了,他无意中听到一位游客离开时埋怨他跷二郎腿让人感觉很不礼貌,简直就是目中无人,杨帆听后感觉无地自容。

学习任务

(1)仪态礼仪对我们生活和工作有什么重要意义?
(2)针对以上情形,杨帆在和游客交流时,应注意哪些坐姿礼仪?

学习目标

知识目标: 能够说出正确站、坐、走、蹲等仪态的基本要求、动作要领,以及仪态礼仪的禁忌。
能力目标: 能够按站、坐、走、蹲姿规范礼仪要求,展现职场中的良好形象。
素质目标: 培养良好仪态,塑造良好形象,树立爱岗敬业、热情服务的职业精神。

相关知识

仪态,又称体态,是指行为举止中展现的身体姿态和风度。姿态是身体所呈现的样子;风度是指人在行为举止中流露出的气质和风格。行为举止包括站姿、坐姿、走姿、蹲姿等身体展示的各种动作。优雅的行为举止,往往比语言更让人感到真实、生动,也更容易取得别人的信任。

一、站姿挺拔

1. 女士站姿

(1)双手虎口交叉,右手在上,握于左手四根手指部位,重叠于腹部,双膝靠紧。
(2)双脚呈"V"字形45°或"丁"字形站立。呈"丁"字形站立时,一脚向前,脚跟靠在另一脚的内侧,如图2-7所示。

图 2-7 女士站姿

2. 男士站姿

(1) 垂放式站姿：双手放在身体两侧，中指贴于裤缝，如图 2-8 所示。

图 2-8 垂放式站姿

(2) 前握式站姿：右手在腹前握住左手手腕，如图 2-9 所示。

图 2-9 前握式站姿

(3)后握式站姿:左手在尾骨处握住右手手腕,如图2-10所示。

"站"放你的光芒

图2-10 后握式站姿

3. 注意事项

(1)在正式场合,站立时不要歪脖、斜肩、弓背、挺腰和屈腿。

(2)站立时不要将手插在裤袋里或交叉在胸前或倚墙。

(3)站立时不要腿脚抖动、双脚叉开距离过大、歪脚站立等。

> **传统礼仪小贴士:**
>
> "固颐正视,平肩正背,臂如抱鼓。足间二寸,端面摄缨。端股整足,体不摇肘,曰经立;因以微磬,曰共立;因以磬折,曰肃立;因以垂佩,曰卑立,立容也。" ——《新书·容经》

二、坐姿庄静

基本要求:上身应挺直而向前倾,落座要轻,坐满椅子的三分之二,轻靠椅背,双手自然放置于腿上,头平正、挺胸、夹肩、立腰。

坐姿不正确显得懒散无礼,而端庄优美的坐姿,会给人以文雅、稳重、自然、大方的美感。坐姿的基本要点是轻入座、雅落座、慢离座。

1. 女士坐姿

着裙装时,右手轻抚后裙摆,左手自然放在身体一侧,退后坐下,坐下后两膝关节与双脚并拢,双手自然放在双腿上,五指并拢,上身挺直,如图2-11所示。

款款入座

图 2-11　女士坐姿

2. 男士坐姿

就座后,将双脚略分开,双腿可以略微分开,双手五指伸直或轻握拳头放在双腿上,如图 2-12 所示。

图 2-12　男士坐姿

3. 注意事项

(1)就座时不要前颔后仰,或是歪歪扭扭、脊背弯曲、耸肩探头。

(2)就座时不要大腿并拢、小腿分开,或双手放在臀下,腿脚要避免不停地抖动。

(3)坐下后不要随意挪动椅子、跷二郎腿、摇腿。

(4)即使为了表示谦虚,也不能故意坐在椅子边上,身体过度前倾地与人交谈。

(5)女士入座时,忌露出衬裙。

三、行姿大方

基本行姿:在保持标准站姿的基础上,将自己的身体重心略微前倾,昂首、挺胸、收腹,双目平视,嘴微闭,面露笑容,肩部放松,上身挺直,同时脚步不宜过重、过大、过急,不要左右摇晃,两臂自然前后摆动,两只脚的内侧落地。

行姿是一种动态的姿势,属于动态美,男士要步履稳健大方,展现出刚强雄健的阳刚之美,女士要展现出款款轻盈、庄重文雅的温柔之美。

清风徐来,
翩然而至

1. 女士行姿

步伐轻盈,不拖泥带水,身体有上拉的感觉,双脚行走轨迹呈一条直线,步伐较小,头正颈直,微收下颌,如图2-13所示。

图2-13 行姿(女士)

2. 男士行姿

步伐稳重,摆臂自然,充满自信,行走轨迹呈两条直线,迈稳健大步,如图2-14所示。

图2-14 行姿(男士)

3. 注意事项

(1)走路最忌内八字步和外八字步。

(2)忌弯腰驼背,歪肩晃膀。

(3)走路时不可大甩手、扭腰摆臀、大摇大摆、左顾右盼。

(4)双腿不要过于弯曲或走曲线。

(5)步子不要太小或太大。

(6)不要脚蹭地面,双手不要插在裤兜内。

(7)不能把手抱在胸前或是倒背着双手走路。

四、蹲姿规范

1. 女士蹲姿

下蹲时,先用右手捋裙摆,两腿应靠近,双手相握放在腿上,如图2-15所示。

从容蹲姿
体现风度

图2-15 蹲姿(女士)

2. 男士蹲姿

两腿略微分开,双手放在双腿之上,如图2-16所示。

图2-16 蹲姿(男士)

3. 注意事项

(1)不要突然下蹲,下蹲速度过快会给人一种急促的感觉,有失庄重之感。

(2)不要毫无遮掩,尤其是女士着裙装下蹲时,要适当地拉紧裙摆。

(3)不要蹲着休息,会影响形体的美感。

(4)不要方位失当,在异性面前下蹲,最好与之侧身相向。

(5)不要蹲在椅子上,有失文雅。

(6)不能距人过近,应该保持一定距离。

> **传统礼仪小贴士:**
>
> "君子之容舒迟,见所尊者齐遬。足容重,手容恭,目容端,口容止,声容静,头容直,气容肃,立容德,色容庄,坐如尸,燕居告温温。"
>
> ——《礼记·玉藻》

任务分析

报告厅内,礼仪志愿者正接受培训;报告厅外,路过的学生吕亮被吸引过来,也想加入志愿者行列。当被问及"以前是否参加过志愿者活动"时,吕亮支支吾吾,边回答边摇晃着腿。出于鼓励,工作人员记下了吕亮的联系方式,不过他们坦言:"若是面试,这样的表现可不够格。"

在职场交往中,仪态是一张无形的"名片",人们可以通过你的一举一动判断出你的身份、地位、学识、能力。仪态美是一种深层次的美,它蕴含着更持久的魅力。

仪态中所表现出的美,是人们内在美与外在美的和谐统一,是优良的品质、高尚的情操、广博的学识和独到的思辨能力与正确的站姿、优雅的坐姿、雅致的步态、恰当的手势、真诚的表情、和蔼的态度和优美的动作的和谐统一。

目的:引导学生养成规范的仪态。

要求:学生课中练习站姿和坐姿的规范礼仪;课后练习走姿和蹲姿的规范礼仪;以小组为单位开展练习。

任务准备

任务准备清单如表2-7所示。

表2-7 仪态礼仪任务准备单

项 目	内 容
资料包	标准站姿、坐姿、走姿和蹲姿图片或视频资料
其他工具	一本书、一张纸、镜子、椅子、相机或手机(拍照用)
实训场地	形体训练室,配背景音乐
情境练习	求职面试、商务会谈、礼宾接待、正式宴会、酒店迎宾、导游地陪接站
实训步骤	分组进行(5~6人一组),每组分配不同场景,分角色扮演,交换练习
注意事项	课前查看仪态礼仪相关微课,搜集仪态礼仪的案例,加强对站姿、坐姿、走姿和蹲姿礼仪的重要性认知

任务实施

一、仪态礼仪情境模拟练习

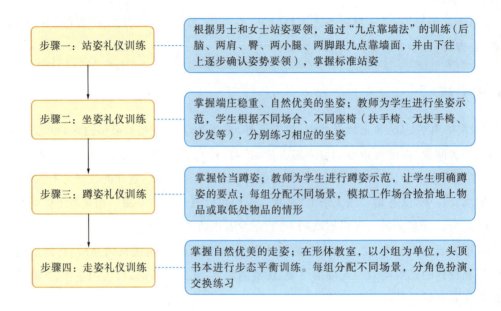

二、仪态礼仪情境模拟注意事项

(1)通过对仪态礼仪的学习和情境模拟,同学们应充分认识到良好站姿、优美坐姿、端庄走姿、优雅蹲姿的重要性,能熟练掌握各种仪态礼仪的要领及相应的手位动作,并在日常生活中养成良好的仪态习惯。

(2)动作协调自然,神情端庄大方,克服不良的仪态习惯。

(3)在练习的过程中,注意要面带微笑,并与对方有目光交流。

任务评价

按照仪态礼仪要求,对照表 2-8 打分。

表 2-8 仪态礼仪情境模拟评价表

项目	分值	考核要点	自评	互评	师评
站姿	20	①不同站姿的展示(女士基本站姿、丁字步站姿,男士垂放式站姿、前握式站姿、后握式站姿); ②靠墙、顶书站立训练效果; ③站姿礼仪组合技能展示			
坐姿	20	①坐姿基本动作要领展示; ②脚位摆放; ③坐姿礼仪组合技能展示; ④情境模拟展示			
走姿	20	①身体姿态; ②跨步的均匀度; ③手臂摆动情况; ④走姿礼仪组合技能展示			
蹲姿	20	①下蹲基本动作要领展示; ②不同蹲姿展示; ③蹲姿礼仪组合技能展示			
时间	5	5分钟内以小组为单位完成站姿、坐姿、走姿和蹲姿的礼仪组合技能展示,并拍摄视频			
看整体	15	小组礼仪组合技能展示,整齐划一,动作规范,落落大方			
自我认知(观看小组拍摄的礼仪组合技能展示视频,判断是否仪态规范)					
收获与改进(良好站姿、优美坐姿、端庄走姿、优雅蹲姿的要点)					

能力拓展

文静去一家合作单位办事,正当她和对方的业务经理李先生交谈时,文件突然掉到地上。

训练要求：

请同学两人一组模拟情境中的角色,一人扮演文静,一人扮演李经理,具体演示应如何站立、行走、捡拾掉地上的文件,以及怎么递送给对方。

训练提示：

(1)站姿要标准挺拔。

(2)蹲姿要符合礼仪规范。

(3)行姿要优美大方。

(4)递送手势要符合礼仪规范。

项目4　表情亲和

🎵 情境导入

马丽在网上看到本地城市运动会发布的一则启事,招募城运会服务志愿者。于是她按照招聘启事上的联系方式,上网了解了具体情况,随后向主办方发了一份电子邮件。几天之后,马丽就接到了主办方的电话,要她在第二天下午到指定地点参加集体面试。

当天晚上马丽做足了准备,第二天下午她按时来到面试地点,看到现场那么多应聘者,马丽并没有退缩,而是自信满满,随后她顺利成为一名礼仪志愿者。日后一次偶然机会,马丽问主管领导,当时有那么多大学生应聘,总经理为什么会选择了她。总经理的回答有些出乎她的意料,"是你的微笑感染了我,通过微笑,我能看到你有一种其他学生所不具有的自信。"原来是这样,面试时自信的笑容,不仅能够展示自己的自信心,同时也向对方传达出一个积极的处事态度,善于微笑的人总是更容易获得机会。

💡 学习任务

(1)结合马丽的成功经验,谈谈为什么要微笑服务,如何做到微笑服务。
(2)对客服务时保持微笑有哪些要求?

🚩 学习目标

知识目标:能够说出眼语的不同内容,一度到三度微笑表情的区别,避开表情沟通的禁忌。

能力目标:能够根据场景、场合需要灵活运用目光和微笑礼仪,展现职场中的良好形象,使游客感受到礼貌真诚的态度。

素质目标:培养展现亲和的表情,塑造良好的形象,树立真诚友好的职业精神和乐观积极的人生态度。

⭐ 相关知识

表情是人体语言中最为丰富的部分,是内心情绪的反映。人们通过喜、怒、哀、乐等表情来表达内心的感情。人际沟通中,表情起着重要的作用。优雅的表情,可以给人留下深刻的第一印象。表情是优雅风度的重要组成部分,构成表情的主要因素有两点:一是笑容,二是目光。

眼神作用

一、微笑温暖

微笑是人际交往中最基本、最常见的要求,充分体现了人类最美好的品质——真善美,是令人愉悦、受人欢迎的表情。微笑,是自信的反映、善良的表现、诚信的流露。

微笑可以表现出温和、亲切的态度,能有效地缩短双方沟通的距离,给对方带来美好的心理感受,从而形成融洽的交往氛围。

1. 微笑标准

一个简单的微笑可消除与游客之间的陌生感,使游客在心理上产生安全感、亲切感,给游客留下良好的第一印象。微笑的程度分以下三种情况。

一度微笑(嘴笑):微笑时嘴角肌上提,有浅浅的笑意而不露齿。距离游客较远(不少于5米)时,要点头问好,远距离迎接客人,如图2-18所示。

图2-18 一度微笑

二度微笑(眼笑):微笑时嘴角肌、颧骨肌同时运动,下巴放松。在距离较近(3米以内)的交谈中,用二度微笑传达友好之情并让对方感觉受到尊重,如图2-19所示。

图2-19 二度微笑

三度微笑(眉开眼笑):微笑时嘴角肌、颧骨肌、眼周肌同时运动。这是微笑的最高境界,一般会露出6～8颗牙齿,保持10秒后恢复原来的状态并放松。近距离(1米以内)问候、面对面交流、送客时可以采用三度微笑,如图2-20所示。

图2-20　三度微笑

2. 微笑方法

在服务行业里,微笑是最规范最正式的表情。利用笑容,可以消除彼此间陌生的感觉,打破交际障碍,为双方更好沟通与交往创造有利的氛围(见图2-21)。微笑的作用是巨大的,但要笑得恰到好处,也是不容易的,所以微笑是一门学问,也是一门艺术。要笑得好并非易事,必须进行相应的训练。可以对着镜子练习,注意调整好心态,观察自己的笑容是否真诚。还可以采用以下方法练习:

微笑训练

图2-21　男士微笑

(1)他人诱导法——同桌、同学之间互相通过一些有趣的语言、动作引对方发笑。

(2)情绪回忆法——通过回忆自己有趣的往事,幻想自己将要到来的美事引发微笑。

(3)口型对照法——通过一些相似的发音口型,找到适合自己的最美的微笑状态,如"一"

"茄子""七""呵""哈"等。

(4)眼睛笑容法——用手遮住鼻子和嘴,只露出眼睛,练习让自己的眼睛笑起来。这时眼角是微微上提的,眉头也是舒展的,这就是我们平常所说的"眉开眼笑"。

工作中要热心、耐心、细心对待每一位游客,做到对游客有礼、有节、有度,每天都以饱满的热情、用真诚的微笑服务于游客,才能保持落落大方且恬静优雅的微笑服务,这才是我们所追求的最终目标。

二、目光真诚

1. 时间

注视(图2-22)时间的长短往往能表达一定的意义,据调查研究发现,人们在交谈时,视线接触对方脸部的时间应占全部谈话时间的30%～60%。低于这个平均值,双方的交谈往往不愉快,交谈的结果也往往不会被信任和接受。

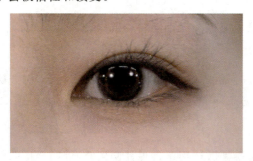

图2-22 专注的目光

2. 角度

注视别人时,目光的角度,即视线从眼睛发出的方向,往往可以表示与交往对象的亲疏远近。

目光礼仪
注视角度

(1)平视:也叫正视,视线处于水平状态,令人感觉平等亲切。常用于普通场合与人进行交往(图2-23)。

(2)侧视:面部侧向平视对方,是平视的特殊情况。适用于与位于自己左右方向的人交往。但不能斜视,否则会失礼。

(3)俯视:即向下注视他人,可表示对晚辈的宽容怜爱,也可以表示对他人的轻慢歧视。俯视往往令人倍感压力,与人交往时应慎重使用。

(4)仰视:即主动处于低处,抬头向上注视他人,表示尊重或敬畏,适用于晚辈面对尊长时。但眼神要从容,包含敬意,不能过于畏缩,否则会令人轻视。

图 2-23 平视

3. 部位

场合不同,注视的部位也应该随之不同。一般根据目光注视部位的不同,可将注视分为公务凝视、社交凝视、亲密凝视。

(1)公务凝视区。公务凝视区适用于洽谈公务的正式场合,例如磋商、谈判等。凝视时目光停留的区域在对方前额到双眼的三角形区域。谈话时注视对方这个区域会显得严肃、认真、有诚意。

(2)社交凝视区。社交凝视区适用于各种社交场合,例如会见朋友、与同事谈论轻松的话题等。凝视时目光停留的区域为对方唇心到双眼之间的三角区。谈话时注视对方这个区域会使对方感到轻松自然。

(3)亲密凝视区。亲密凝视区适用恋人之间、夫妻之间的交流。凝视时目光停留的区域为对方双眼到胸部之间。如果非亲密关系却注视亲密凝视区域,对方会觉得受到了侮辱甚至侵犯,是很不礼貌的行为。

听别人说话时,也要通过观察对方的身体语言,对方的微笑、目光、表情、姿势以及彼此之间的空间距离,感知到对方的心理状态,从而正确把握对方所说的话语背后的真正含义。可以看出,人与人交往和沟通的过程中,微笑和眼神的交流对于有效沟通、相互理解、彼此信任,起着至关重要的作用。

三、注意事项

(1)口眼结合。微笑的时候要口到、眼到、神色到,笑眼传神,微笑才能扣人心弦。

(2)笑与神情气质相结合。"神"就是笑得有情入神,笑出神情、神色、神态,做到情绪饱满、神采奕奕。"情"就是笑出感情,笑得亲切、甜美,反映美好的心灵。"笑与气质结合"就是笑出谦逊、稳重、大方、得体的良好气质。

（3）笑与语言相结合。语言和微笑都是传递信息的重要符号,要注意微笑与美好的语言相结合,声情并茂,才能相得益彰。

（4）笑与仪表、举止相结合,以笑助姿。

> **传统礼仪小贴士：**
> "孝子之有深爱者,必有和气；有和气者,必有愉色；有愉色者,必有婉容。"
> ——《礼记·祭义》

任务分析

微笑与目光训练

目的：经过训练,在服务中能够自如得体地微笑,掌握目光礼仪规范。

要求：课堂上,每个人准备一面小镜子,做面部运动；配合眼部运动,做各种表情训练,活跃面部肌肉,丰富自己的"表情仓库",充分传达思想感情。观察、比较哪一种微笑最美、最真、最善,最让人喜欢、亲近、回味。

任务准备

任务准备清单如表2-9所示。

表2-9 微笑与目光训练任务准备单

项目	内容
资料包	微笑、目光图片或视频资料
其他工具	镜子、筷子、椅子、相机或手机（拍照用）
实训场地	形体训练室、配背景音乐
情景练习	引领客人、商务会谈、礼宾接待、正式宴会、求职面试
实训步骤	分组进行（5～6人一组），首先自己对着镜子练习，然后分组练习观摩；每组分配不同场景，分角色扮演，交换练习
注意事项	课前查看表情礼仪相关微课，搜集微笑和目光礼仪的案例，加强对微笑和目光礼仪的重要性认知

任务实施

一、表情礼仪情境模拟练习

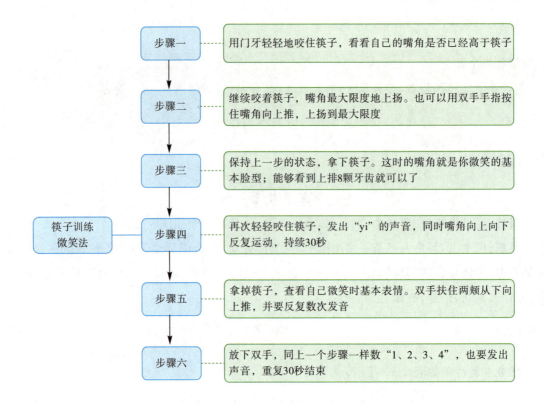

二、表情礼仪情境模拟注意事项

(1)运用微笑练习的方法,注意要发自内心地微笑。

(2)在与对方眼神交流时,一定要注意目光凝视区域的控制。

(3)在练习的过程中,注意眼神的集中度和交流度,目光要自信,学会用眼神和游客交流,可以使你的微笑更传神、更亲切。

任务评价

(1) 按照表情礼仪要求，对照表 2-10 打分。

表 2-10 表情礼仪评分表

项目	分值	考核要点	自评	互评	师评
微笑眼神	20	微笑时与眼神、眉毛、嘴角的协调配合			
	20	微笑时眼神的亲切度			
	20	微笑时眼睛的明亮度			
	20	微笑时嘴角的上扬高度是否一致			
	20	微笑时表情的真实感			
自我认知（两人一组，互相练习微笑和眼神，班级可以开展比赛，对比每人微笑照片，投票选出最美微笑。归纳总结打动人心的微笑具有什么样的特点）					
收获与改进（微笑、目光）					

（2）请贴上自己的微笑照片。

本人微笑照片

能力拓展

  某社团面试现场，不足十分钟，马丽就从众多面试同学中脱颖而出。"似乎没问什么很难的问题，就像轻松的聊天"，马丽这样形容刚刚经历的社团选拔过程。而学长们却写下了这样的评语：选拔开始与结束时，举止文雅，表情自然，笑容亲和，落落大方，展现出良好的个人修养和综合素质。

  思考：(1) 在实际工作中，真诚微笑的意义是什么？

     (2) 与人交流时，如何恰当地注视对方？

立足校园礼仪

【情境导入】

学校"职业技能竞赛月"活动已经启动,为达到选拔能手、培育强项、锻炼队伍的目的,由旅游管理专业承办学校导游服务比赛。杨帆、吕亮、文静和马丽同学主动报名,与负责老师李仪一同组织、规划了本次大赛。现在,就让我们一起看一下,筹备大赛过程中在应对一些突发状况时所展现的校园礼仪吧!

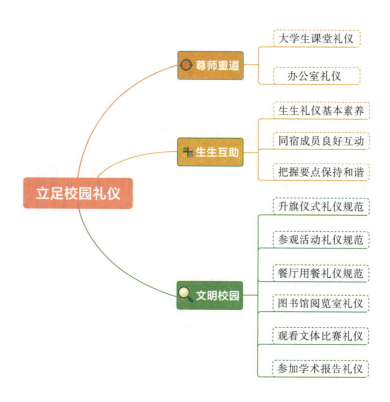

项目 1　尊师重道

尊敬老师有规范

情境导入

学校导游服务比赛即将拉开帷幕,吕亮和马丽同学一大早便外出准备赛事宣传手册、横幅等材料,返回学校的路上,两个人的手机都已经没电、关机了,联系不到班级同学和老师,且路上严重堵车,导致他们在下午的课程中迟到,也没有带相关的学习资料,着装也比较随意。在接受老师询问的时候,马丽同学感觉很委屈,与老师之间发生争吵,吕亮同学则一直在给老师解释原委并道歉。课后,马丽同学去办公室找了老师……

学习任务

(1)课堂师生礼仪包含哪些内容?
(2)办公室师生礼仪需要注意哪些细节?

学习目标

知识目标:了解尊师重道的涵义,课堂、办公室礼仪规范,校园里与老师的沟通方式,以及古代拜师礼的相关知识。

能力目标:掌握校园尊师重道应该注意的要点,有效进行师生交流,实践师生礼仪。

素质目标:树立尊师重道的意识,体会师生和谐的意义,培养个人良好素养。

相关知识

孟子有云,"离娄之明,公输子之巧,不以规矩,不能成方圆",大学里学会建立良好的人际关系、遵守校园文明礼仪规范,对于提高个人素质修养、展示学校良好形象、建设和谐校园具有重要意义。作为一名大学生,应牢固树立"疾学在于尊师"的观念,尊重教师,虚心接受教师的批评教育,严格遵循相关礼仪规范,构建和谐的师生关系。

一、大学生课堂礼仪

课前礼仪。准备好教材、学习资料、笔记本、文具等;完成教师布置的课前任务,并准备好相应的电子版或纸质版作业;着装需干净整洁,按时到达教室;进入教室后,需要检查并打扫教室卫生,然后注意从教室前排开始入座。

课中礼仪。课程开始前,师生需要互相问好;如果迟到,学生应在教室门外

课堂礼仪

轻轻停下脚步,如果教室的门关着,应先轻轻敲门,再喊"报告",如门开着,要等到老师讲话停顿时再喊"报告",当老师询问迟到原因时,要实事求是地报告给老师,若老师为避免打断课堂节奏并未进行询问时,需要在课后向老师进行说明;在课堂上,要认真听老师讲解,注意力集中,独立思考,重要的内容应做好笔记;书本、学习资料、文具轻拿轻放,尽量保持课堂安静;当老师提问,应该先举手,待老师点到自己的名字时方可站起来回答,发言时,身体要立正,态度要落落大方,声音要清晰响亮,并且应当使用普通话;对老师讲课的内容有异议时,尽量在下课后单独找老师交换意见、共同探讨,如果需要当场提出讨论的问题,也务必要注意场合、节奏和方式,态度要诚恳,不可扰乱课堂秩序,影响他人。

课后礼仪。离开教室前,需要与教师互说再见;再次检查教室卫生,摆放好桌椅板凳;在校园内,学生和教师相遇,通常应由学生主动先向教师问好,道声"老师早"或"老师好";在进出门、上下楼梯时和教师相遇,学生应主动问好,并请教师先行。

> **传统礼仪小贴士:**
>
> "从于先生,不越路而与人言。遭先生于道,趋而进,正立拱手。先生与之言则对;不与之言则趋而退。"　　——《礼记·曲礼上》
>
> "侍坐于先生,先生问焉,终则对。"　　——《礼记·曲礼上》
>
> "国将兴,必贵师而重傅,贵师而重傅,则法度存。"　　——《荀子·大略》
>
> "古之学者必有师。师者,所以传道受业解惑也。人非生而知之者,孰能无惑?惑而不从师,其为惑也,终不解矣。"　　——《师说》

二、办公室礼仪

出入办公室。到办公室找老师或其他工作人员,要先与对方预约,并按时到达;进老师办公室一定要敲门,得到允许时方可进入;进入后应与其他老师点头致意或问好;不能随便翻动老师物品;事情办完,立即离开办公室并礼貌与老师告别,告别一般是先谢后辞,如说"谢谢老师,再见";进出办公室的动作要轻,不要大声喧哗,以免影响其他老师工作。

师生沟通
促和谐

与老师交流。与老师交谈态度要诚恳,言语要温和,说话要实事求是、实实在在,尽量避免客套话;认真倾听老师讲话,当不赞成老师的观点时,不要直接顶撞,更不要反问或质问老师,应婉转地表达自己的看法,可说"这个问题我再考虑一下,不过我认为似乎……"等;交谈中避免打手势,音量适中,距离适中,交谈距离可维持在1.5米左右,太近和太远都稍显不礼貌;不要随便打断老师,谈话中如果有急事需要先离开,应向老师打招呼表示歉意,如果老师因事需要先离开,可表示理解并再次预约交流时间。

任务准备

任务准备清单如表3-1所示。

表3-1 师生校园礼仪任务准备单

项目	内容
主要工具	小组桌牌、教材、学习资料等
其他工具	角色分工卡片等
注意事项	课前查看师生校园礼仪微课,搜集师生校园礼仪案例,加强对师生校园礼仪重要性的认知

任务实施

一、师生校园礼仪情境模拟练习

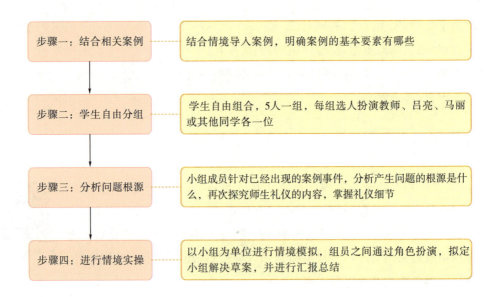

步骤一:结合相关案例	结合情境导入案例,明确案例的基本要素有哪些
步骤二:学生自由分组	学生自由组合,5人一组,每组选人扮演教师、吕亮、马丽或其他同学各一位
步骤三:分析问题根源	小组成员针对已经出现的案例事件,分析产生问题的根源是什么,再次探究师生礼仪的内容,掌握礼仪细节
步骤四:进行情境实操	以小组为单位进行情境模拟,组员之间通过角色扮演,拟定小组解决草案,并进行汇报总结

二、师生校园礼仪情境模拟注意事项

(1)查看相关师生校园礼仪微课、视频,对师生校园礼仪有自己的认识及观点。

(2)梳理情境导入案例,有自己的见解。

(3)小组成员讨论案例,小组之间汇报总结,相互给出师生礼仪方面合理的处理建议,互相帮助,整体提高。

任务评价

(1) 做评价：通过各小组情境模拟展示，分析各小组问题解决方式是否得当，并进行评价，填入表 3-2。

(2) 找问题：若小组内讨论耗时较长（不能在 10 分钟内完成），该如何改进？是否还有需要改进或继续探讨的问题，该如何解决？

表 3-2 师生校园礼仪情境模拟评分表

项目	分值	考核要点	自评	互评	师评
课前礼仪	30	①是否体现着装得当； ②是否体现做好课前准备工作； ③是否体现按时到教室； ④是否体现提前请假			
课中礼仪	30	①是否遵循"敲门、示意、报告"原则； ②是否体现交流时要注意方式及场合； ③是否体现控制好情绪继续认真听课			
办公室礼仪	20	①是否体现与教师进行预约并准时到位； ②是否体现说话时注意态度及距离； ③是否体现认真倾听教师观点； ④是否体现认识自身不足			
看整体	20	①小组展示是否流畅； ②小组观点是否符合礼仪规范； ③解决方式能否有助于促进师生和谐； ④是否在规定时间内完成			
自我认知（成员自己或者本组成员为"吕亮""马丽"提供解决问题的思路及注意事项等）					
收获与改进（如何更好地与教师进行校园礼仪沟通，构建和谐的师生关系）					

(3)综合评价：每个项目分3、2、1三个等级,3(平均分85分及以上)代表优秀,2(平均分75—85之间)代表良好但有改进空间,1(平均分75分以下)代表有瑕疵。评选出班级最佳师生礼仪示范奖。

能力拓展

(1)查找校园师生礼仪案例并进行分析,帮助案例主人公梳理正确交流方式,树立礼仪规范;

(2)寻找身边尊师重道师生和谐的礼仪模范,并向他们学习;

(3)查阅孔子与学生相处的相关资料,总结其中的礼仪规范。

项目 2　生生互助

同学相处

情境导入

吕亮和马丽同学因事上课迟到,着装随意且没有带相关教材、学习资料等,老师进行询问后马丽与老师发生了争执。马丽同学在课后立即找到同宿舍的文静同学,指责舍友不帮忙,自己辛苦干了活,现在还白白受一顿批评,不给文静同学解释的机会。后来,杨帆同学告诉马丽,文静同学课前联系不到马丽很着急,在马丽的书桌上找到了相关的学习资料并带到了教室,并且在课前找老师说明他俩外出为大赛进行筹备工作,只是后来因为在前排就坐,没有来得及给马丽资料。马丽同学听完,心里满是懊悔,想去找文静道歉,而此时原本在马丽鼓舞下决定参加大赛的同学也对马丽有了看法,表示想弃赛……

学习任务

(1)同学之间相处的礼仪有哪些要求?
(2)宿舍成员之间相处的礼仪需要注意哪些细节?
(3)其他同学之间相处的礼仪有哪些禁忌?

学习目标

知识目标:掌握生生礼仪规范,遵循跟同学、舍友相处的行为准则。
能力目标:能正确进行生生交流,解决日常宿舍冲突,改善人际关系。
素质目标:传承中华民族传统美德,培养有礼、有节、有序的职业素养。

相关知识

孔子有云"益者三友,损者三友。友直,友谅,友多闻,益矣。友便辟,友善柔,友便佞,损矣。"作为一名大学生,应自觉遵守礼仪,用礼仪规范约束自己的一言一行、一举一动。与每一位同学互谦互让、互尊互敬,多体谅、宽容、理解他人,构建和平相处的生生关系。

一、生生礼仪基本素养

(1)相互尊重。人与人之间的感情,最基本的便是相互尊重,而彼此尊重也是同学之间维系感情、建立更深层次交往的基础,每位同学都需要被他人关爱、被他人尊重。同学之间相处,首先,要尊重他人人格,每个人都有自己独立的人格,同学之间应避免讥笑、辱骂、非议他人,避免给同学起绰号,因为这些行为不仅伤害了同学的自尊心,还侮辱了同学的人格;其次,要尊重他人的生活习惯,班级同学可能来自天南海北不同的地域,因为不同的风俗习惯、家庭结构、性格特征等,有着不同的生活习惯。同学之间需要求同存异,尊重他人习惯,遇到不好的习惯应委婉提醒。

(2)集体意识。要有集体意识,在集体生活中,要顾全大局,遵守集体规章制度,要有组织观念、团队精神和大局观,不可我行我素。在遇到与同学观点、观念、看法等有差异的情况时,要保持头脑冷静,学会换位思考,坦诚友善地沟通。

(3)真诚友爱。孟子有云:"爱人者,人恒爱之;敬人者,人恒敬之。"真诚友爱是一种崇高的道德情感,要处理好同学关系,必须懂得真诚待人和关爱他人,树立"心中有他人"的观念,与同学友爱团结。这些不仅表现在和同学的言语沟通方面,例如开朗的问候、挂在嘴边的"谢谢"等,还需要学会用心和同学相处,关爱同学。

(4)善于交谈。交谈是同学交流的主要形式之一,同学之间的交谈应该注意,说话态度要诚恳谦虚,语调要平和,不可装腔作势;交谈中力求语言文雅,注意场合、分寸;和同学相处,还可以适度幽默,因为幽默也是人际交往的调节剂。

(5)借物还物。借用同学东西,谨记有借有还,要尽量保证物品完好,并及时归还;即使临时用一下别人的物品,也应事先打招呼,征得他人同意,切忌未经过他人同意便随意动他人物品。

(6)帮助他人。当有同学需要帮助时,应分清是非,了解情况,如果同学是对的,应尽力而为、量力而行,助其一臂之力,切忌视而不见、置之不理。自己需要帮助时不要强求别人,要学会换位思考,尽量不给别人造成困难,甚至带来麻烦。

二、同宿成员良好互动

宿舍是学生共同的家,也是反映学生精神文明和礼仪修养的窗口。建立良好的宿舍关系,要注意如下礼仪规范。

(1)礼貌待人。与舍友相处要有礼貌、举止大方。要顾及对方的风俗习惯、爱好、兴趣和为人处世方式,交谈要友善,注意文明用语;如果自己对舍友某些生活习惯有所不满,不可言辞犀利地指出,而应私下与对方委婉交流,同时也要学会自我约束。在宿舍接待亲友来访,应得到其他舍友允许,有同学相邀,应在得到该室其他同学允许时,才可以串门。

(2)协调作息。生活在同一个宿舍,因个人差异,生活作息时间可能不同,但是不协调的作息时间可能会造成同学之间相处矛盾,因此协调作息时间就显得尤为重要。确因特殊情况无法协调的,也应该与舍友进行有效沟通,尽量不影响他人。

舍友相处

(3)维护卫生。宿舍是一个小集体,是大家共同的生活空间,保持宿舍卫生是每个宿舍成员的义务。要保持宿舍内外整洁,经常打扫寝室,包括地面、桌椅、橱柜和门窗等,同时一定要注意认真、主动做好打扫卫生工作,随便打扫或拖拖拉拉,同样会引起他人不满。

(4)互帮互助。宿舍成员可能会有各种困难,例如生病需要照顾、失恋需要开导、比赛成绩不够理想、考取证书没有通过等,舍友之间需要互相伸出温暖的手,帮助彼此;但同时要注意方式、方法,适度原则,适可而止,要做到相互关心和相互帮助,但不要干预他人私事,关心应有限度,过分热心于别人的私事,可能会侵犯个人隐私。

三、把握要点保持和谐

(1)不搞"小团体"。在学校里,应当以平等的态度对待每一个人,同学之间不要厚此薄彼,和一部分人"打得火热",而对另一部分人则疏远不理。建立有深度、有温度的友谊不能以牺牲友谊的宽度和广度为代价。

(2)参加"大活动"。在学校里,大家都是集体的一分子,要积极参加各项集体活动,如确实不能参加,可以提出自己的想法和意见,不要勉强参与,这样会让他人觉得你敷衍了事。

(3)倾听"他言语"。在与他人进行交谈时,要积极倾听他人讲话,专注的同时要不时地给予适当的反馈,因为专注的倾听表示尊重、理解和接纳,是与他人心灵连接的桥梁;专注地倾听还体现在不随意打断他人谈话,如果他人的谈话漫无目的,则可以礼貌地转换话题或结束话题;倾听结束后如果想表达自己的不同看法,首先要认可他人的想法或观点,再礼貌地提出自己的看法,这样就会在表明观点的同时避免冲突,不伤及彼此的关系。

(4)赞扬"他优点"。在看到同学身上的优点时,可以大胆地赞美或认可,这不仅会给对方带来快乐,还能激发同学的自豪感,这种欢乐和谐的相处气氛也会影响到更多的人,使同学之间的关系变得更轻松融洽。

(5)谅解"他过错"。"人非圣贤,孰能无过",每个人都会有缺点,同学也是如此。在与同学交往时,要看到同学的长处;相处时,要学会谅解同学,这样不仅能避免许多扰人的纠纷,还会让自己的路越走越宽,"容人者,人容之"。但同时要注意,谅解不是同学之间无原则的忍让,不是好坏不分、软弱可欺。

传统礼仪小贴士:

"独学而无友,则孤陋而寡闻。" ——《礼记·学记》

"君子以文会友,以友辅仁。" ——《论语·颜渊》

"儒有闻善以相告也,见善以相示也。" ——《礼记·儒行》

任务准备

任务准备清单如表3-3所示。

表3-3 生生校园礼仪任务准备单

项目	内容
主要工具	小组桌牌、教材、学习资料等
其他工具	角色分工卡片等
注意事项	课前查看生生校园礼仪微课,搜集生生校园礼仪案例,加强对生生校园礼仪重要性的认知

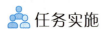 任务实施

一、生生校园礼仪情境模拟练习

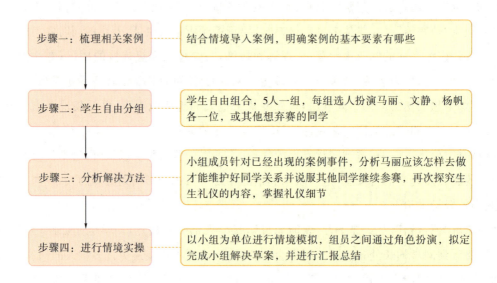

二、生生校园礼仪情境模拟注意事项

(1)查看相关生生校园礼仪微课、视频,对生生校园礼仪有自己的认识及观点;

(2)梳理情境导入案例,有自己的见解;

(3)小组成员讨论案例,小组之间汇报总结,相互给出生生礼仪方面合理的处理建议,互相帮助,整体提高。

任务评价

(1) 做评价:通过各小组情境模拟展示,分析各小组问题解决方式是否得当,并进行评价,填入表 3-4。

(2) 找问题:若小组内讨论耗时较长(不能在 20 分钟内完成),该如何改进?马丽有哪些问题需要改进?文静有哪些优点值得学习?是否还有需要改进或继续探讨的问题,该如何解决?

表 3-4　生生校园礼仪情境模拟评分表

项目	分值	考核要点	自评	互评	师评
素质要求	30	①是否体现相互尊重; ②是否体现集体意识; ③是否体现善于交谈			
礼仪要点	40	①是否体现帮助他人; ②是否体现礼貌待人; ③是否体现学会倾听; ④是否体现学会谅解; ⑤是否体现换位思考; ⑥是否体现真诚友爱			
看整体	30	①小组展示是否流畅; ②小组观点是否符合礼仪规范; ③寻找优缺点是否准确; ④能否得到文静和其他同学谅解; ⑤解决方式能否有助于促进生生和谐; ⑥是否在规定时间内完成			
自我认知(成员自己或者本组成员为"马丽"提供解决问题的思路及注意事项等)					
收获与改进(如何与同学进行有效的沟通,构建和谐生生关系)					

(3)综合评价:每个项目分 3、2、1 三个等级,3(平均分 85 分以上)代表优秀,2(平均分 75－85 分之间)代表良好但有改进空间,1(平均分 75 分以下)代表有瑕疵。评选出班级最佳生生礼仪示范奖。

能力拓展

(1)查找校园礼仪案例并进行分析,帮助案例主人公梳理出正确的交流方式,树立礼仪规范;

(2)寻找身边和谐共处、生生互助的礼仪模范,并向他们学习;

(3)通过生生相处的礼仪规范,尝试推导职场与同事相处的相关礼仪规范。

情境三　立足校园礼仪

项目3　文明校园

🎯 情境导入

吕亮、马丽、杨帆、文静四位活动组织者和其他几位志愿者同学,为了进一步做好大赛筹备工作,约定在图书馆阅览室进行讨论。刚开始大家都能压低声音交流,进展非常顺利,但后面越讨论,思路越清晰,要点越明确,声音也就随之越来越大,这引起了阅览室其他同学的不满。在与其他同学沟通过几次之后,筹备大赛的同学们中止讨论,给其他同学们道歉,并离开了阅览室……

💡 学习任务

(1)除了课堂和宿舍,校园里还有哪些场合或活动需要注意礼仪规范?
(2)相关校园礼仪规范有哪些共同原则和差异?

🚩 学习目标

知识目标:掌握校园礼仪要点和禁忌,画出文明校园礼仪思维导图。
能力目标:能够将校园礼仪内化于心并践行落实,争做校园礼仪文明模范。
素质目标:树立知礼、明礼、懂礼的校园礼仪意识,实现个人综合素质提升。

⭐ 相关知识

大学校园活动较丰富,还有社团、团总支、学生会、老乡会等,都需要活动场所。所以大学校园里有各种类型的活动场所,例如多媒体教室、实训实验室、操馆、体育场、图书馆、阅览室、餐厅、学生活动中心、广场等。因此学生在校期间,还应注意除课堂和宿舍之外其他活动场所的礼仪规范。

一、升旗仪式礼仪规范

升旗仪式是大学生每周一参加的一项严肃的活动,它是增强大学生爱国情感、强化爱国意识的重要形式,也是培养学生集体主义精神的必要活动。

《国旗法》第十三条规定:"升挂国旗时,可以举行升旗仪式。"举行升旗仪式时,在国旗升起的过程中,参加仪式者应面向国旗肃立致敬,并可以奏国歌或者唱国歌。军人须行军礼,少先队员须行队礼,其他人须行注目礼。

升旗仪式要"严肃、认真、庄重"。要注意自己的仪表,着装整洁、端庄,衣服扣子要扣好,不能敞怀；升降国旗时，要立正、不讲话，升旗时马上停止走动，原地站立，保证肃立、端正，面向国旗脱帽、敬礼；面向国旗行注目礼时神态要庄严，眼睛要始终望着国旗，仰视国旗，目光随着国旗冉冉升起；要保证身体直立，挺胸昂首，双手下垂靠拢身体两侧，保持立正姿势；唱国歌时要严肃，声音要洪亮。以上所有礼仪规范要保持到升旗仪式结束。

升旗仪式

二、参观活动礼仪规范

新生入学后，学校会组织新生参观学校的实验室、图书馆、办公楼等活动场所。在进行参观时，要注意着装规范、遵守纪律、听从统一指挥、按时到达参观地点；参观时要保持环境整洁，不能乱丢废纸或其他杂物，不能大声喧哗；听老师介绍时要认真，不低声讲话或做其他无关的事情，未经允许，不要随便走动和随意翻动物品。

三、餐厅用餐礼仪规范

按规定时间去学校餐厅就餐，遵守秩序，互相礼让，自觉按先后次序排队购买饭菜，不要冲、跑、挤，不要插队加塞；打饭时，要与工作人员温和客气地说话，打饭后，应礼貌地说声"谢谢"；就餐座位紧张的时候，要互相谦让，互相包容；用餐的动作要文雅，细嚼慢咽，不随意挪动桌椅或损坏餐厅设施设备及餐具，不在餐桌上乱写乱刻；在餐厅里也要保持安静，文明用餐，不大声喧哗、打闹或敲打碗筷；不随地扔杂物，爱护卫生，剩余的饭菜倒在指定地方，不浪费粮食。

四、图书馆阅览室礼仪

进入图书馆、阅览室，应衣着整洁，仪表得体，最好不要穿钉铁跟的皮鞋或高跟鞋，不能穿背心、拖鞋；自觉关手机或将手机调成静音，自觉遵守规章制度，爱护设施，保持环境安静和清洁卫生，严禁吸烟；学习时不要抢占座位，不要为自己或他人划地盘；在图书馆，走路要轻、入座、起座要轻，翻看书刊要轻，与同学交谈时，应轻声细语，若需长时间讨论，应到室外交谈；自觉爱护图书馆的公共设施及图书报刊，阅览时不在图书、报刊上涂画；借书还书时，应双手将书递到工作人员手中，"您好""请""谢谢"等礼貌用语要挂在嘴边，如果遇到排队，需要耐心等待，不可走来走去或言语催促他人。

五、观看文体比赛礼仪

提前入场，进场后尽快坐到观众席；观看比赛时不要大声喧哗；应对比赛双方一视同仁，持公平态度；礼貌对待每一位比赛选手，不可出言不逊或扔物品；要支持主持人、裁判员的工作；遇到升国旗奏国歌环节时，要遵循升旗仪式礼仪要求；要维护场内公共卫生，退场时不要拥挤，要礼让他人。

六、参加学术报告礼仪

参加学术报告、会议时，要衣着整洁、仪表大方、准时入场、进出有序。按照报告、会议安排落座，入座要轻，穿过座位时姿态要低，脚步要轻，不要影响他人，对起身让座的观众要致谢；听报告时坐姿要稳，不要时常左右摇晃；要保持安静，不要大声讨论、说话；不应随便走动，也不应随便退场，如不得已需退场时，离座动作要轻、身姿放低，不要站在会场过道或者门口。每一位发言人发言结束时或到精彩之处时，应鼓掌致意，同时做好笔记。

> **传统礼仪小贴士：**
> "人无礼则不生，事无礼则不成，国家无礼则不宁。" ——《荀子·修身》
> "听于无声，视于无形。" ——《礼记·曲礼上》
> "言必虑其所终，行必稽其所敝，则民谨于言而慎于行。" ——《礼记·缁衣》

任务准备

任务准备清单如表 3-5 所示。

表 3-5 其他校园礼仪任务准备单

项目	内容
主要工具	小组桌牌、教材、学习资料等
其他工具	角色分工卡片等
注意事项	课前查看其他校园礼仪微课，搜集其他校园礼仪案例，加强对校园礼仪重要性的认知

任务实施

一、其他校园礼仪情境模拟练习

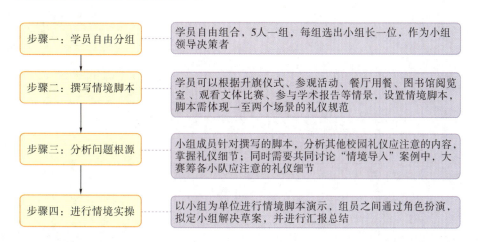

步骤一：学员自由分组 —— 学员自由组合，5人一组，每组选出小组长一位，作为小组领导决策者

步骤二：撰写情境脚本 —— 学员可以根据升旗仪式、参观活动、餐厅用餐、图书馆阅览室、观看文体比赛、参与学术报告等情景，设置情境脚本，脚本需体现一至两个场景的礼仪规范

步骤三：分析问题根源 —— 小组成员针对撰写的脚本，分析其他校园礼仪应注意的内容，掌握礼仪细节；同时需要共同讨论"情境导入"案例中，大赛筹备小队应注意的礼仪细节

步骤四：进行情境实操 —— 以小组为单位进行情境脚本演示，组员之间通过角色扮演，拟定小组解决草案，并进行汇报总结

二、其他校园礼仪情境模拟注意事项

(1)查看相关其他校园礼仪微课、视频,对其他校园礼仪有自己的认识及观点。

(2)梳理情境导入案例,有自己的见解,并完成图书馆阅览室礼仪规范总结。

(3)小组成员讨论案例,小组之间汇报总结,相互给出校园礼仪方面合理的处理建议,互相帮助,整体提高。

任务评价

(1)做评价:通过各小组情境模拟展示,分析各小组脚本撰写思路是否清晰、要点是否突出、问题解决是否得当,分析各小组对大赛筹备小队礼仪问题的见解,并进行评价,填入表3-6。

(2)找问题:若小组内撰写、讨论、试演耗时较长(不能在30分钟内完成),该如何改进？是否还有需要改进或继续探讨的问题,该如何解决？

表 3-6 校园礼仪情境模拟评分表

项目	分值	要点	自评	互评	师评
基本校园礼仪	30	①是否体现集体意识； ②是否体现礼貌待人； ③是否体现善于交谈； ④是否体现学会倾听； ⑤是否体现互相帮助			
脚本撰写及演绎	40	①脚本撰写是否全面； ②小组展示是否流畅； ③能否有助于促进校园礼仪规范推广； ④是否在规定时间内完成			
情境导入案例分析	30	①能否解决相关礼仪问题； ②小组观点是否符合礼仪规范； ③是否在规定时间内完成			
自我认知(成员自己或者本组成员对脚本撰写场景的礼仪要点进行分析)					
收获与改进(总结如何更好地进行校园礼仪沟通)					

(3)综合评价:每个项目分 3、2、1 三个等级,3(平均分 85 分及以上)代表优秀,2(平均分 75—85 分之间)代表良好但有改进空间,1(平均分 75 分以下)代表有瑕疵。评选出班级最佳校园礼仪示范奖。

能力拓展

(1)查找校园其他场合或活动礼仪案例并进行分析,帮助案例主人公梳理出正确的交流方式,树立礼仪规范;

(2)寻找身边校园其他场合或活动的相关礼仪模范,并向他们学习;

(3)分析不同的校园场合、活动背景下的礼仪规范,总结成朗朗上口的打油诗或顺口溜。

情境四 注重社交礼仪

【情境导入】

临近教学实习季,学校向同学们介绍了实习单位情况,并召开了实习双选会,同学们纷纷向自己心仪的企业投递了电子简历。文静同学双选见面会前接到一个电话,是她投过简历的一家旅游公司的秘书打来的。秘书让文静第二天参加该公司面试,人力资源部经理会跟她详细面谈。文静难掩激动的心情,致谢并等对方挂电话后自己再放下电话。第二天,文静准时出现在面试教室外,跟教室外公司人员说明情况,等工作人员告知自己可以进入时,文静才敲门进入教室,礼貌地向对方作了自我介绍,在知道对方姓贺后,谈话间一直礼貌称呼对方为贺经理。贺经理也向文静递上了一张自己的名片,说上面有自己的微信、电话等联系方式,文静对工作有任何问题都可以直接联系他。文静礼貌收下贺经理的名片,贺经理详细询问了文静的专业学习情况、对工作的认知和期望等,文静都一一礼貌回答。文静良好的礼仪修养、扎实的专业基础给贺经理留下了良好的印象。

项目 1　见面礼仪

情境导入

杨帆和吕亮是一个宿舍的舍友。这天,杨帆的高中同学来宿舍找杨帆,吕亮也正在宿舍看书。杨帆给吕亮介绍说:"我这位同学叫孙伟,特别喜欢打羽毛球,跟你一个爱好。"孙伟和吕亮攀谈了起来,就打羽毛球的心得聊得越来越投机,还加了微信,约好有时间一起打球。加微信的时候,孙伟备注名字时才想起来,他还不知道对方叫什么呢。原来,杨帆介绍他们认识的时候完全忘记介绍吕亮的名字了。

学习任务

(1)社交中称呼礼仪和问候礼仪的基本规范和要求。
(2)社交中握手礼仪的基本规范和要求。
(3)社交中名片礼仪的基本规范和要求。

学习目标

知识目标:掌握社交中常见的称呼和问候礼仪、握手和名片礼仪的基本规范和要求。
能力目标:能够根据人际交往的不同场合正确地遵守称呼和问候、握手和名片等礼仪规范。
素质目标:在人际交往中,培养良好的社交素养,展现个人优雅风貌。

相关知识

一、称呼准确

称呼即称谓语,包括姓名、职务、身份等。每个人在社会交往中,都希望在社会地位、人格、才能等方面获得他人的尊重,这种需要尊重的心理,又常体现在对称呼的重视上,因此在人际交往的过程中,要善于使用恰当的称呼。旅游从业人员在接待宾客时要使用尊称,要做到称呼及时、准确和恰当。

对男宾无论其年龄大小与婚否,统称"先生"。女宾可以统称为女士,也可以称呼已婚的女子为"某夫人"(注意"某"为其丈夫的姓氏)。尊称可以同姓名、姓氏和行业性称呼组合在一起,并在正式场合使用。如"程晓鹏先生""张总""李部长""秘书小姐""教授先生"等。

称呼礼仪

近年来,"老师"这个词的词义不断扩展,现在被广泛用来称呼各个行业有建树的人,以示尊重。我们旅游从业人员也可以在比较轻松的场合对比较熟悉的、受人尊重的宾客使用该称呼。

另外,旅游从业者称呼宾客要使用敬语,称呼自己则要用谦称。最常使用的谦称是"我""我们"。向客户介绍自己时,为了表示谦卑,可以用"小+姓氏"的模式来称呼自己,如"我叫张新月,大家叫我小张就好。"

旅游从业人员一定要尽量用"您"字代替"你"字,表达出对听话人充分的敬意。由于我国国民文化素质普遍提高,习惯了被称为"您"的客户,乍一听到"你"会相当敏感,容易产生"这位工作人员素质不高"或者"是不是对我有意见?'你'字儿都出来了"的想法。可以说,在服务行业内,"您"字仿佛有魔力一般,可以化干戈为玉帛,让听者如沐春风,心情舒畅。

二、问候恰当

最普遍的问候方式是说"您好",在与他人见面之时,若能选用适当的问候语,往往会为双方进一步的交谈做良好的铺垫。"您好""早上好""下午好""大家好",这些问候方式言简意赅、直截了当。在本该与对方问候时一言不发,则是极其无礼的。

问候时要注意恰当的顺序。常见的问候顺序如下所述:当一个人与多个人见面时,问候的顺序要遵循"先长辈后晚辈、先上级后下级、先疏远后亲近"的原则。具体操作方法有两种:一种是由尊而卑,依次向对方问候;二是统一问候对方,而不必具体到每个人,例如"各位好""大家好"等。在人多拥挤的地方不方便使用语言问候时,最好是笑一笑或招手致意。

三、介绍有序

1. 自我介绍

自我介绍要根据不同场合、对象和实际需要,有目的、有选择性地进行介绍,不能千人一面。一般性的应酬,介绍要简单明了,通常介绍姓名就可以了。工作性的自我介绍还要介绍工作单位和具体从事的工作。社交性的自我介绍则还需进一步介绍兴趣、爱好、专长、籍贯、母校、经历及与交往对象某些熟人的关系等,以便进一步交流和沟通。

介绍礼仪

2. 他人介绍

(1)为他人介绍的方法。

①征求意见:先了解双方是否有结识的意愿,最好先征求一下双方的意见,以免为原来就相识或者关系不好的人作介绍。根据实际需要的不同,介绍的内容也有所不同,一般只介绍双方的姓名、单位、职务。有时为了推荐一方给另外一方,介绍时可以说明被推荐一方与自己的关

系,或者强调其才能、成果,便于新结识的人相互了解和信任。介绍具体的人时,要用敬辞,如:李小姐,请让我为您介绍一下,这位是张先生。

②姿势:介绍别人时,手势动作要文雅,无论介绍哪一方,都要五指并拢,掌心向上,指向被介绍一方。切记不要手指尖朝下,因为朝下是矮化对方的肢体语言。同时,不要以单指指人。

(2)为他人介绍的顺序。

①先把男士介绍给女士;

②先把晚辈介绍给长辈;

③先把职位低者介绍给职位高者;

④先把客人介绍给主人;

⑤先把晚到者介绍给早到者。

四、握手有度

握手礼是在一切交际场合最常使用、适用范围最广泛的见面致意礼节。它表示致意、亲近、友好、寒暄、道别、祝贺、感谢、慰问等多种含义,从握手中,往往可以了解一个人的情绪和意向,还可以推断一个人的性格和感情。有时握手比语言更充满情感。

握手礼仪

1. 握手的时机

握手适用于感谢、慰问、道歉、祝贺、欢迎、告别等时刻。

2. 握手礼的动作要领

(1)握手的姿势。握手要注意姿势,如图4-1所示,一般在距离对方约一米左右的地方站立,上身略微前倾,自然伸出右手,四指并拢,拇指张开,掌心向上或略微偏向左,手掌稍稍用力握住对方的手掌,握力适度,上下稍许晃动几下后松开。握手时要注视对方,面露笑容,以示真诚和热情,同时讲问候语或敬语。

(2)握手礼的顺序。在公务场合握手,先后顺序主要取决于职位、身份;在社交场合和休闲场合,主要取决于年龄、性别和婚否。一般来说,握手的基本顺序是:主人与客人之间,客人抵达时主人应先伸手,客人告辞时由客人先伸手;年长者与年轻者之间,年长者应先伸手;身份、地位不同者之间,应由身份和地位高者先伸手;女士和男士之间,应由女士先伸手。

(3)握手礼的力度。握手力度(图4-2)七分,男士和女士握手一般不能握得太紧,老朋友可以例外,但也不能握痛对方。

(4)握手礼的时间。握手的时间长短应根据双方的身份和关系来定,一般时间约为3秒。

情境四　注重社交礼仪

图4-1　握手的姿势

图4-2　握手的力度

五、名片合规

在现代社会活动中,名片是商务人士最重要的书面介绍材料之一,是自我介绍信、商业社交活动的联谊卡。

名片礼仪

1. 递名片礼仪

(1)应该事先把名片准备好,放在易于取出的地方。

(2)向对方递送名片时,要用双手的大拇指和食指夹住名片的两个角(图4-3),名片的正面朝向对方,以便对方阅读(图4-4),以恭敬的态度,眼睛友好地注视对方,并用诚挚的语调说"这是我的名片,请多联系"或"这是我的名片,请以后多关照"。

(3)同时向多人递送名片时,可以按照由尊而卑或者由近而远的顺序,依次递送名片。

图4-3　递送名片方法

图4-4　双手递送正面朝上

2. 接受名片的礼仪

(1)接受他人的名片时,应尽快起身,面带微笑,眼睛要友好地注视对方,并称"谢谢",使对方感受到尊重。

(2)接过名片后,应认真阅读一遍,最好将对方的姓名、职务轻声地念出来,以示敬重,看不明白的地方可以向对方请教。要将对方的名片郑重收藏于自己的名片夹或上衣口袋里,或者办公室显著的位置。

(3)妥善收好名片后,应随之递上自己的名片。如果自己没有名片或者没带名片,应当首先向对方表示歉意,再如实说明原因,如"很抱歉,我没有名片"或"对不起,今天我带的名片用完了"。如果接受了对方的名片,不递上自己的名片,也不解释原因,是非常失礼的。

(4)接受了对方的名片,不要不看一眼就放入口袋,或者随手放在一边,也不要将其他东西压在名片上,或拿在手里随便摆弄。

六、见面礼仪注意事项

1. 称呼方面

若同时需要称呼多人,一般来说,应遵循先长辈后晚辈、先上级后下级、先疏后亲的原则。称呼别人时,特别是称呼地位比较高的人时,眼神、表情、声音的高低及腔调都非常关键。要热情大方,不卑不亢。

2. 问候方面

在公共场所遇到相识的人,如果距离较远,一般是举右手打招呼并点头致意。男性戴帽子可行脱帽礼,即两人相遇可以摘帽点头致意,离别时再戴上帽子。与人打招呼时,忌叼着烟卷或把手插在衣袋里。女性在各种商务场合均应主动微笑点头致意,以示亲和。

日常生活中,与熟悉的外国人见面,应互相致意问候,酌情寒暄;参加外国人举行的活动,到达和离开时,均应主动与主人打招呼;在外交场合遇到过去熟悉的外国朋友,一般不要匆忙前去打招呼,待对方主动表示后,再作相应表示。

3. 介绍方面

当介绍者走上前来,开始为双方介绍时,被介绍者双方都应该起身站立,面含微笑,大大方方地目视介绍者或对方,神态庄重、专注。

在宴会、会议、谈判中,介绍人和被介绍人视情况可以不必起立,被介绍者双方可以点头微笑致意;如果被介绍双方相隔较远,中间又有障碍物时,可以举起右手,点头微笑致意。

介绍完毕后,被介绍双方应该按照礼仪顺序握手,并且彼此问候对方。问候语言有"您好"、"很高兴认识您""久仰大名""幸会幸会"等,必要时,还可以做进一步自我介绍。

> **传统礼仪小贴士:**
> "长者不及,毋傀(chán,间杂之意)言。正尔容,听必恭。"   ——《礼记·曲礼上》

4. 握手方面

握手时不要将左手插在裤袋里,不要边握手边拍对方的肩头,不要在握手时眼看着别处或与其他人打招呼,无特殊原因不用左手握手,多人在一起时避免交叉握手。要站着而不能坐着握手,年老体弱者戴手套或者女性戴装饰性手套可以不脱。其他情况下如果戴有手套,要把手套脱下。一般情况下不能拒绝别人的握手,拒绝握手是非常失礼的,但如果是因为感冒或其他疾病，或不便握手时，也可以谢绝握手。

5. 名片方面

不得随意涂改名片。不要把自己的名片、他人的名片和其他杂物混在一起放，以免使用的时候手忙脚乱，错把别人的名片当成自己的递给他人。在商务场合或社交场合，不要滥发名片，要有选择地递名片。对于陌生人或巧遇的人，不要在谈话前过早地发名片。无论参加私人或商业宴会，名片都不可以在就餐时发送。

> **传统礼仪小贴士：**
> "夫礼者，所以定亲疏、决嫌疑、别同异、明是非也。礼，不妄说人，不辞费。礼，不逾节，不侵侮，不好狎。修身践言，谓之善行。行修言道，礼之质也。"
> ——《礼记·曲礼上》

任务分析

见面礼仪是日常社交礼仪中最常用与最基础的礼仪。见面礼仪对旅游从业者而言意义重大。掌握见面礼仪，能给客户留下良好的第一印象，为以后顺利开展工作打下基础。我们要充分掌握方式方法，做到称呼恰当、问候得体、介绍得当、握手有度、收递名片大方得体，既要体现自己热情大方的职业素养，又要表现得不卑不亢。

请根据以下场景二选一，完成初次见面的情景交流模拟。

场景一：（国内宾客）经过前期电话沟通，今日，新华大学的程前校长带领李仪老师、学生会负责人杨帆同学前去逸程旅行技术公司洽谈校企合作事项。公司前台张馨月接待了他们，并引导一行人进入总经理李逸飞的办公室，双方开始交谈。

场景二：（国际宾客）美国 Travel-go 旅行代理公司的 Beck Brown 总经理和秘书 Zak Hunter 两人前来中国与逸程旅行技术公司洽谈合作事宜。李逸飞总经理带领秘书张馨月、助理马丽前去机场接机。

任务准备

任务准备清单如表 4-1 所示。

表 4-1 见面礼仪任务准备单

项目	内容
主要工具	带黏性的空白号码牌 4—6 张，或者纸质空白号码牌 4—6 张、扣针 4—6 个或透明胶带一卷（用于固定号码牌）。马克笔、A4 空白纸、手机、名片
其他工具	能显示角色身份的其他道具
注意事项	课前查看社交礼仪相关微课，了解更多见面时的礼仪知识

任务实施

一、见面礼仪情境模拟练习

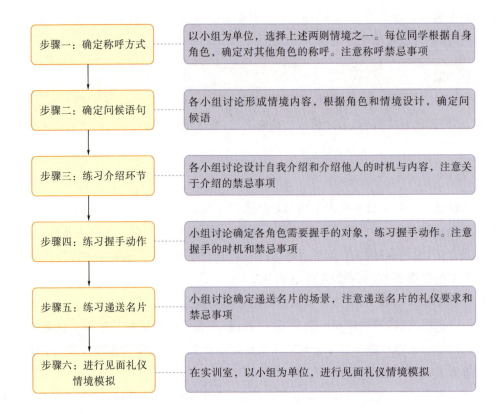

二、见面礼仪的情境模拟注意事项

（1）每个小组提前准备好情境模拟需要的工具，每组人数以 3—4 人为佳。
（2）观看见面礼仪在线课程资源，对称呼、问候、介绍、握手、递送名片相关礼仪有基本印象。
（3）小组成员讨论见面礼仪的内容和注意事项，相互给出合理的建议，互相帮助，共同提高。

情境四　注重社交礼仪

任务评价

（1）做评价：按照见面礼仪要求，对照表 4-2 打分。

（2）找问题：见面情境模拟被扣分，主要问题出在哪个环节？分析一下被扣分的原因，应该如何补救？若在介绍他人时经常在先后顺序上出错，该如何改进？

表 4-2　见面礼仪情境模拟评分表

项目	分值	要点	自评	互评	师评
称呼	10	符合被称呼角色身份			
问候	20	①问候语选择适当； ②问候次序正确			
介绍	20	①介绍内容恰当； ②介绍次序合适			
握手	20	①该握手行为具有必要性； ②握手动作合适：姿势、顺序、力度和时长			
递接名片	20	①名片递送时机合适； ②名片递送、接收动作合适			
整体评价	10	①情境模拟各部分内容设计合理； ②各角色表现大方自然； ③各环节细节丰富准确； ④小组成员合作度高，互动良好			
自我认知（自己对见面礼仪的掌握是否准确，请记录自己的出错点）					
收获与改进（通过学习本任务自己的收获，请记录）					

能力拓展

（1）查阅并分享见面礼仪出错的案例，并给出自己的建议；

（2）查找见面礼仪的优秀案例；

（3）与同学分享本部分自己的学习感悟。

项目2　电话礼仪

情境导入

日子过得真快,马上就到实习的日子了,同学们都很期待。马丽同学被安排到逸飞旅行公司西安分公司,在秘书岗位参加实习。有一天工作非常繁忙,她午饭都没顾上吃。当她拿起一个苹果正啃着充饥的时候,电话响了。不等电话响第二下,她就接了起来。可是电话里并没有人说话。她刚放下,电话又响了。这一次话筒里传来声音:

"你好,是逸飞西安的马丽吗?"

"是的。"

"我是总公司的张林,麻烦你转告下陈总,本周三的总公司新项目研讨会时间提前到当日早上8点了。"

一听到会议时间提前了半天,为了让陈总尽快安排,马丽迅速挂了电话准备前往陈总办公室汇报。这个时候电话铃声又响了起来

"我话还没说完呢,考虑到时间问题,会议形式改为线上了。"

"好的,你还有什么要说的吗?"

电话那头稍微沉默了一下,说:

"没了,我先电话告诉你们各分公司,你们好处理机票的事情,我们的文字通知马上就发出。"

如何接电话

又咬了一口苹果,马丽说道:"好的,再见!"

"再见!"

第二天,马丽去找陈总签字。签完字后陈总对她说:"小马,你以后接电话时注意一下,昨天总公司的张总和我联系时,说你好像不太会说话啊,接电话也不太认真啊。"马丽听得面红耳赤,退出了陈总办公室,她百思不得其解,自己到底错在哪儿了呢?

电话沟通是现代社会交往中非常重要的沟通方式。请同学们思考:为什么和马丽电话沟通后,张总对马丽的表现感到不满意?

学习任务

(1)接听和拨打电话的礼仪标准和要求。

(2)接听和拨打电话的注意事项。

学习目标

知识目标： 掌握电话接打的基本规范和要求。

能力目标： 在人际交往中，能够在语言和行为两方面得体地进行电话沟通。

素质目标： 认识到沟通礼仪的重要性，培养良好的人际沟通素养和职业素养。

相关知识

电话是非常重要的现代通信工具之一，具有简便、快速的沟通功能。对旅游从业人员而言，无论是接电话还是打电话，都要表现出良好的礼仪。

良好的电话礼仪，能让沟通变得愉悦高效，增进沟通双方的关系。旅游从业人员身处服务行业，更要注意培养自己的电话礼仪。

电话礼仪涉及呼叫电话的时间、电话内容、接听电话方式和应答内容等方面。

一、打电话礼仪

（1）打电话前，应准备好打电话的内容，电话接通后应简明扼要地说明问题，不要占用太长的通话时间。

（2）如通话时间可能较长，应首先征询对方现在是否方便接听。

（3）当对方已拿起听筒，应先报出自己的所在单位和姓名。若对方回应时没有报出他们所在单位和姓名，可询问："请问您是×××吗？"待对方确认后，可继续报出自己打电话的目的和要办的事。

正确打电话礼仪

（4）认真倾听对方的讲话内容，为表示正在专心倾听并理解对方的意思，应不断回复"好""是"等话语作为反馈。

（5）打给上级的电话，若是秘书或他人代接，应先向对方问好，后自报职务、单位和姓名，然后说明自己的目的；若上级不在可询问或商议再打电话的时间。

图 4-5　打电话

二、接电话礼仪

(1)接听电话,先使用问候语言"您好",随后报出自己所在的公司或部门:"这里是×××。"

(2)认真倾听对方的讲话内容。为表示正在专心倾听并理解对方的意思,应不断回复"好""是"等话语作为反馈。

(3)重要的电话要做记录。

(4)接到找人的电话应请对方稍等,尽快去叫人;如果要找的人不在,应诚恳地询问:"有事需要我转告吗?"或"您方便告诉我您的电话号码吗,等他回来给您回个电话。"

(5)接听电话时,遇上访客问话,应用手势(手掌向下压压或点点头)表示"请稍等"。

(6)若接听的是邀请电话或通知电话,应诚意致谢。

(7)通话完毕,互道再见后,应让打电话者先挂机,自己再挂断。

图 4-6 接电话

三、注意事项

(1)及时接电话。一般来说,在办公室里,电话铃响三遍之前就应接听,否则就应道歉:"对不起,让您久等了。"

(2)在通话过程中,发声要自然,忌用假嗓,语气要柔和、热情、清脆、愉快,音量适中,带着笑容通话效果最佳。

(3)尽量避免使用语音讯息。现在的手机沟通软件如微信、钉钉、QQ等基本都有语音功能,旅游业从业人员在给客户或其他工作关系对象发送信息时,应尽量使用文字,既能显示自己对本次沟通认真的态度,也方便对方查阅、核对和后期查找信息。

(4)不在禁用手机场所接打电话。如加油站、博物馆、展览大厅等。

(5)即将进入可能没有信号或者信号弱的场所(如地下车库和电梯)时,避免拨打电话。防止由于信号不佳,被迫中断通话,给对方造成随意挂断电话的误会。

(6)不在对方可能吃饭的时间,电话沟通不合适的话题。如午饭时间与对方讨论旅行目的地的如厕问题等。

(7)尽量不在对方可能吃饭或者休息的时间拨打电话。打电话尽量选择在 8:00—12:00 及 14:00—16:00 两个工作时间段。虽然现代社会,大家的休息时间普遍推后,但也不可以在夜里或清晨因为非紧急的事情致电客户或同事,这个时间段的电话铃声容易引起致电对象的紧张情绪。

> 传统礼仪小贴士:
> "心诚气温,气和辞婉,必能动人。"
> ——《谈书录》

任务分析

旅游从业人员接听电话时不可懒散随意,需要讲究必要的礼仪和一定的技巧,树立良好的个人精神风貌和公司形象。无论是打电话还是接电话,我们都应做到语调热情、大方自然、声量适中、表达清楚、简明扼要、文明礼貌。

请根据下列场景,完成电话沟通情景交流。

文静同学在西安逸程旅行技术有限公司前台岗位参加专业实习。这天,文静同学接到一个旅行咨询电话。该顾客计划暑假全家去新西兰度假。文静需要将本客户介绍至在国际市场部销售岗位实习的吕亮处,之后由吕亮与该顾客进行沟通。请以小组为单位自行补充咨询信息,并完成本次电话沟通。可以包括以下电话环节考查点:接听、问候、信号不畅二次接听、请求等待、联系同事对接、旅游信息简介、信息不明请求查阅、回复致电、打电话期间同事问话示意等待、结束。

任务准备

任务准备清单如表 4-3 所示。

表 4-3 电话礼仪任务准备单

项目	内容
主要工具	座机 2 部或手机人手 1 部,笔 2 支,便签 2 本
其他工具	桌签 3 个或马克笔 1 支、白纸若干、透明胶带 1 卷,或者能显示角色身份的其他道具
注意事项	每组成员不能少于 4 人

情境四　注重社交礼仪

任务实施

一、电话礼仪情境模拟练习

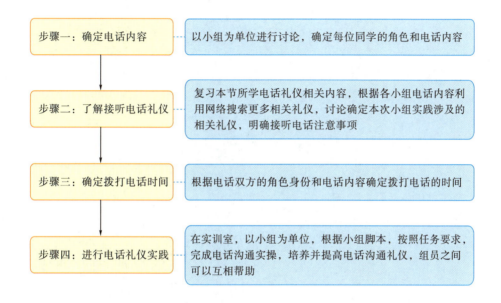

二、电话礼仪情境模拟注意事项

(1)提前准备好情境模拟需要的道具,根据角色需要准备服装或者物品。

(2)查看电话礼仪相关在线课程资源,掌握电话接打的要求和注意事项。

(3)小组成员讨论情境模拟的内容,相互给出合理建议,互相帮助,整体提高。

任务评价

(1)做评价:按照电话接打礼仪要求,对照表 4-4 打分。

(2)找问题:若电话礼仪总是细节出错,分析一下原因,该如何改进、补救?

表 4-4 电话礼仪情境模拟评分表

项目	分值	要点	自评	互评	师评
拨打电话	35	①电话内容简明扼要,未超 3 分钟; ②由于内容过于丰富,通话时间超过 3 分钟,但事先征求了接听方的意见; ③做到了自报家门,也确认了对方正是自己的拨打对象; ④语气柔和、热情、清脆、愉快,音量适中,面带笑容; ⑤认真倾听对方的讲话内容并给予反馈			
接听电话	35	①做到了自报家门; ②语气柔和、热情、清脆、愉快,音量适中; ③认真倾听对方的讲话内容并给予反馈; ④对重要信息进行了书面记录; ⑤接听电话时,对外界打扰进行了妥善处置,保证了通话质量			
注意事项(如小组内容未涉及该事项则该项扣分)	20	①及时接听,或在电话铃响三声后接听时进行了道歉; ②工作电话避免使用发送语音信息方式; ③通话场合选择合适; ④通话时间选择合适			
整体评价	10	情境模拟各部分内容设计合理;各角色表现大方自然;各环节细节丰富准确;小组成员合作度高,互动良好			
自我认知(审视自己的通话内容、语气、接打动作、通话场合和时间等)					
收获与改进(文旅从业人员接打电话需要注意的细节)					

能力拓展

(1)拨打电话给老师、长辈或者兼职招聘公司,并记录自己的表现。在生活中进行电话礼仪训练,在应用中提高自己的电话礼仪。

(2)查找网络上电话接听礼仪的相关视频,进行拓展学习。

(3)自己录制小视频,讲解电话接听的注意事项,并展示在社交媒体上以帮助更多的人了解电话礼仪。

项目 3　网络礼仪

网络文明是新形势下社会文明的重要内容，是建设网络强国的重要领域。近年来，我国积极推进互联网内容建设，弘扬新风正气，深化网络生态治理，网络文明建设取得明显成效。要坚持发展和治理相统一、网上和网下相融合，广泛汇聚向上向善力量。各级党委和政府要担当责任，网络平台、社会组织、广大网民等要发挥积极作用，共同推进文明办网、文明用网、文明上网，以时代新风塑造和净化网络空间，共建网上美好精神家园。

——2021 年 11 月习近平致信祝贺首届中国网络文明大会召开

情境导入

转眼到了大三，同学们进入了教学实习阶段，文静应聘到旅行社人事处实习。文静实习后的第一个工作任务是协助旅行社人事处樊经理给员工小谢写一封岗位调动的电子邮件，文静根据樊经理的要求写了这封信并发给了樊经理，但樊经理对信件并不满意。具体邮件如图 4－7 所示。

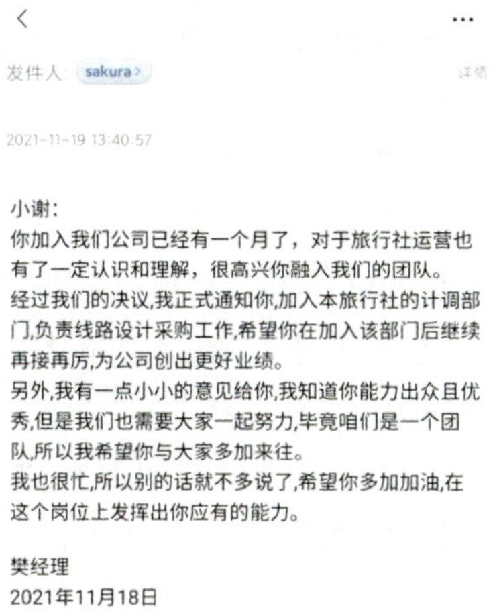

小谢：

你加入我们公司已经有一个月了，对于旅行社运营也有了一定认识和理解，很高兴你融入我们的团队。

经过我们的决议,我正式通知你,加入本旅行社的计调部门,负责线路设计采购工作,希望你在加入该部门后继续再接再厉,为公司创出更好业绩。

另外,我有一点小小的意见给你,我知道你能力出众且优秀,但是我们也需要大家一起努力,毕竟咱们是一个团队,所以我希望你与大家多加来往。

我也很忙,所以别的话就不多说了,希望你多加加油,在这个岗位上发挥出你应有的能力。

樊经理

2021年11月18日

图 4－7　不当邮件示例

学习任务

（1）这封电子邮件有哪些不恰当之处？

（2）撰写、发送、接收电子邮件时应该注意什么？

（3）帮助文静修改这封电子邮件（正确示范请扫描右侧二维码）。

正确邮件示范

学习目标

知识目标：掌握旅游从业人员使用微信、收发电子邮件的基本礼仪和要求。

能力目标：能够撰写并发送一份符合礼仪规范的电子邮件，掌握职场微信沟通要求。

素质目标：认识遵纪守法、道德自律、文明上网的重要性，客观地看待网络现象，强化网络礼仪。

相关知识

古有鸿雁传书、鱼传尺素，如今互联网时代，收发电子邮件已成为日常社交手段，特别是职场办公中。电子邮件方便、快捷、成本低且信息容量大，一封措辞规范、内容清晰的邮件，不仅是促进双方沟通交流的桥梁，更代表一个人的专业素养、沟通能力和为人处世的态度。因此，旅游从业者必须熟练掌握书写电子邮件的各种技巧与礼仪规范。

一、邮件收发

1. 书写电子邮件的礼仪规范

（1）主题明确。一封电子邮件通常只设一个主题，且在主题栏里用简短的文字概括出整个邮件的内容，便于收件人知道邮件的主旨、权衡邮件的轻重缓急，如：祝贺生日、表扬信等。尤其是回复的邮件，需要重新添加、更换邮件主题，最好写上来自××公司××人的邮件，一目了然，便于对方保留。邮件主题应避免使用诸如"嘿""Hi""你好""收到"等简略词语。

（2）称谓恰当。邮件开头应有恰当的称谓。如为办理公务，收信对象是机关、单位、团体的，直接写机关、单位、团体的名称。如写给个人，则视情况而定：是领导的，可加职务，如××经理；是专家学者的，可加学衔职称，如××博士、××教授；也可用女士、先生。为了表示敬意或特别的情意，可以在姓名之前加上"尊敬的""尊贵的""敬爱的"等词语。

收件人的称谓要置于第一行顶格的位置，以示尊重和礼貌；称谓之后用冒号，以示引领下文。

（3）正文简洁。另起一行写正文，空两格，转行时要顶格写。如：称谓之后另起一行，空两格，可以写"您好""近来可好吗"等问候语。

为提高办事效率，正文篇幅不宜冗长，内容要简明扼要，如果事情复杂，最好标注"1、2、3、4"，列几个段落，清楚阐述。行文要流畅通顺，多用简单词汇与短句，且多用请、谢谢等谦辞敬语，做到通俗易懂且有礼有节，切忌晦涩难懂。由于邮件可能会转给他人，因此对他人评价时谨慎而客观。

（4）重视结语。结尾要有祝福语，或使用"此致""敬礼"这样的规范用语，通常是在正文之后接着写"此致"，转行顶格写"敬礼"。如果是朋友之间的普通邮件，结尾也可随意一些，另起一行写"祝你愉快""安好"等。若收信对象是单位机关，可省略祝愿之类的结语。

（5）落款。落款即署名和日期。虽然电子邮件本身已标明了发件人和收件人，但在邮件中注明发件人姓名仍是必要的礼节，在邮件地址中注上自己的姓名、职务和单位，落款包括具体日期。日期应写在署名人的下方靠右的位置（图4-8）。

此致

敬礼！

张 三

2023年7月1日

部门×××

职务：×××× 电话：××××××

E-mail：××××××××××

做事情的态度决定了做事情的方式

做事情的方式决定了这件事情的结果

图4-8 落款展示

（6）附件。发送电子邮件，有时候需要添加附件，这时应在正文里面提示收件人查看附件。附件的文件应该使用有意义的文件名，不要随意用几个字母或数字命名。正文对于附件内容要有简略介绍，特别是有多个附件时要做对应介绍。附件数目不要超过四个，附件较多时应该打包压缩成一个文件。附件的大小、打开格式应该合适，如果文件较大需要分成几个文件发送，特殊格式需要在正文进行说明、以免影响收件人使用（图4-9）。

图4-9 附件展示

2.发送电子邮件的礼仪规范

（1）及时回复。为了保证使用电子邮件联络时信息的及时性和有效性，应养成定期查收电子邮件的良好习惯，接收到邮件后，应当尽快给予回复，表示已经收到。条件允许的话要每天检查自己的邮箱，及早回复邮件；也可以设置电子邮件的自动回复，用简短的语言告知对方，如"已经收到，我会尽快安排，谢谢"。一定不要滥发邮件，不可把不相关的私人性、八卦性内容滥发给对方，更不要重复发送，以免过多占用对方信箱空间。

（2）To、Cc、Bcc。要区分"To（收件人）""Cc（抄送）""Bcc（密送）"的收信对象。邮件"To（收件人）"的对象是要处理这封邮件所涉及主要问题的人，应当对邮件予以回复的人。"Cc（抄送）"的对象则只需要知道这件事，没有义务对邮件给予回复，当然如果有建议，可以回复。"Bcc（密送）"即收件人不知道你同时发给了密送的对象（图4-10）。

图 4-10 邮件收件人、抄送、密送展示

此外,To、Cc 中各收件人的排列应遵循一定的规则,比如按照部门排列或者按照职位等级从高到低或从低到高都可以。适当的电子邮件规则有助于提高专业形象。

(3)谨慎转发。转发邮件之前,首先要确保所有收件人需要此邮件。不要将回复了几十次的邮件发给他人,让人摸不着头脑。而转发敏感或者机密信息要小心谨慎,不要把内部信息发给外部人或者未经授权的接收人。如有需要,应对转发邮件内容进行修改,以突出关键信息。

二、网络规则

网络已经成为人们工作、学习、生活和娱乐的重要平台,也是真实的社会生活在虚拟世界的投影。真实世界需要礼仪和道德约束,网络世界也不例外,我们在网络上漫游,与人沟通,展示自我时,也要遵守网络规则,这样既是尊重他人,也是尊重自己。

网络不文明行为

(1)记住别人的存在。互联网给予来自五湖四海的人们一个共同的聚集地,这是高科技的优点,但往往也使面对电脑屏幕的我们忘记在跟其他人打交道,我们的行为也因此容易变得更粗劣和无礼。我们要时刻记住别人的存在,如果是你当面不会说的话,在网上也不要说。

(2)遵纪守法。在现实生活中人们都遵纪守法,在网上也应如此。网络中的道德和法律与现实生活是相同的,不要认为在网上就可以降低道德标准。要维护自身形象、单位形象,更不可泄露单位、国家机密。

(3)入乡随俗。同样是网站与社群,不同的论坛、贴吧、QQ 群、微信群有不同的规则。在一个论坛、社交群可以做的事情在另一个论坛、社交群可能不宜做。最好的建议是:先观察再发言。这样你可以知道哪些行为是被接受的。

(4)尊重别人的时间。在提问题以前,先自己花些时间去搜索和研究。很可能同样的问题以前已经被问过很多次,现成的答案随手可及。不要以自我为中心,别人为你寻找答案需要消耗时间和资源。

(5)给自己在网络上留个好印象。因为网络的匿名性质,别人无法从你的外表来判断你的形象,因此你的言语成为别人对你印象判断的唯一依据。如果你对某个方面不是很熟悉,建议先学习,有的放矢地发言。同样,发帖、发言以前仔细检查语法和用词,不要故意挑衅和使用脏话。

(6)分享你的知识。除了回答问题以外,可以在网络上与大家分享自身的专业知识或经验。

(7)平心静气地争论。网络争论是常见的现象。要以理服人,不要人身攻击。尊重自己,尊重别人。

(8)尊重他人的隐私。人与你用邮件、QQ、微信等软件的沟通记录也是隐私的一部分。如果你认识某个人用笔名上网,那么在网络上未经同意将他的真名公开也不是一个好的行为。如果不小心看到别人电脑中的电子邮件或者网络隐私,更不应该到处传播。

(9)不要滥用权力。管理员、版主、群主比其他用户有更大权力,应该规范使用这些权力。

(10)宽容。当网络上看到别人写错字、用错词,问一个低级问题或者发表无意义的长篇大论时,不要在意。如果你真的想给他人建议,最好用留言私下提议。

三、微信礼仪

我们使用微信时首先当然要遵守网络基本礼仪,此外微信还有以下特别的礼仪细节。

1. 添加礼仪

(1)自报家门背景。微信添加他人时要写清楚自己是谁,如果是工作原因,要写清楚自己的工作单位和职务。想要和对方建立深入联系,还要写明自己的联系方式和职责范围,最好介绍一下自己的专长,这样才有利于和其他人建立深入的关系。

微信使用礼仪

(2)不要多次添加。人际交往以对方为中心,如果添加了几次对方都没有通过,就不要再申请添加了。

(3)不可乱推名片。果需要帮人介绍朋友,千万不要乱推名片,要先说明原因,征得当事人允许后再推,不然可能会给别人增添不必要的烦恼。

2. 聊天礼仪

(1)职场少发语音。职场中能打字时尽量别发语音,特别是汇报工作或者有其他重要且复杂的事项需要和他人沟通时。如果对方在开会或者在上课,很可能不方便听语音,而文字信息一目了然,便于对方迅速提取重要消息。如果的确需要微信语音或者视频沟通,先征询确认对方方便之后,再发语音通话或视频邀请。

(2)合并同类项。信息发送要有针对性,有得体的称谓,对自己所发内容负责。发消息的时候,要尽量简洁和凝练,把请求对方做的事情放前面,先列出结论,然后再说明事情,一条信息用回车键分成若干段,相同的内容合并归类,放到同一条当中。用微信发送文件,要合理命名文件名字,文件标题要简明扼要,并用文字复述,因为什么原因发送什么文件,要注意表述的语气。

(3)巧用表情符号。注意巧用表情符号,聊天时适当加个表情符号,会让人产生亲近感,更直观地表达自己的情绪,也能通过符号释放出你的善意和愿意与对方沟通互动的心意,活跃聊天气氛。当然也不能滥用表情符号,特别是在工作内容交谈里滥用表情符号会让你显得不够严谨,甚至影响你的职业形象。

(4)懂得网络专属语气。懂得网络专属语气含义,有些词是带有网络专属语气含义的。比如,回复"呵呵"等同于敷衍地回应。如果与他人聊天时,对方总回复"哦"或者"嗯",表明对方很可能有其他事,没有专注和你聊天,或者对方不想继续和你聊下去了,要懂得适可而止。

(5)未经许可不发聊天截图。微信的聊天截图经常是某个片段,不能反映沟通全貌,每个人都不希望自己的聊天内容被别人随便发到朋友圈去(尤其是断章取义),未征得对方的许可,最好不要随便把与对方的聊天记录截给其他人,这是非常不礼貌、不道德的。就算是征得了许可,建议也把头像和姓名打上马赛克,避免给对方带来麻烦。

(6)不要深夜发消息。注意发消息的时间,不要在半夜或一大早发,提示消息会打扰别人休息,同时别人在这个时候也不一定会及时回复你。

(7)微信群聊有规矩。切忌事先不沟通就把相互不认识的、不同圈子的朋友拉进一个群里,除非是为对方解决问题。在微信群里聊天时,可以扮演话题引导者和气氛活跃者的角色,但要把握好度,不要时不时"狂轰滥炸",发一些"垃圾信息",或者谈论和转发大量敏感话题。尽量不要在微信群里发广告,以及强行要求群成员点赞。

3. 朋友圈礼仪

(1)少发负能量消息。每个人都希望自己能交到一些正能量的朋友。不在微信朋友圈中发表负能量的个人情绪、莫名其妙的感叹、无厘头的抱怨等,需要关注、需要安慰时不妨直说。如果一定要抒发负面的情绪,可以使用微信分组的功能,只让自己亲密的人看到即可。让不熟悉的人看到自己非常负面的情绪,其实是不礼貌的行为,还会影响到未来可能出现的合作。

(2)转发尽量带评论。转发他人原创文章,一定要注明出处。要提高文章质量,要能图文并茂,用词准确,内容积极健康。如果是自己非常赞同的文章,转发的时候最好做一个梗概,方便想要阅读的朋友。

(3)互动点赞有风度。经常翻看别人朋友圈,感兴趣的就点个赞,这是一种风度。看了别人的精彩文章和图片打算转发时,应先赞后转,这是一种涵养。但是如果不经过查看就直接点赞,对别人生病或者难过等内容也点赞,可能给自己带来麻烦。

(4)不发让人不适的内容。微信朋友圈发文章不要泄露他人的个人信息,比如把与朋友聊天的截图发到朋友圈,或者在别人朋友圈评论里说涉及人家隐私的事情,这些都是社交大忌。不要发没有根据和有伤风化的内容,更不转发带"如果不转发就……"等强制性或诅咒性字眼的微信,人际交往中应只有尊重没有要挟。不造谣、不传谣、不信谣,不煽动他人情绪,坚决远离不良信息。

四、注意事项

(1)字体合规。书写电子邮件的中文一般用宋体或楷体,英文一般用 Times New Roman、Arial、VerDana,字号用小四或者五号即可,这些被证明是最适用于在线阅读的字号与字体。

(2)用字准确。用字错误不仅会使收件人产生不适,也可能引起歧义和误会,所以发送邮件、微信信息之前一定要检查,确保没有错别字。

(3)内容健康。不要发送无聊、不健康和涉及政治敏感问题的邮件和微信,收到这样的信息应立即删除,不要传播。涉及诈骗性质的内容,及时电话提醒微信好友,并向公安机关或有关电信部门反映或举报。

> **传统礼仪小贴士:**
> "己所不欲,勿施于人。" ——《论语·颜渊》
> "非礼勿视,非礼勿听,非礼勿言,非礼勿动。" ——《论语·颜渊》

任务准备

任务准备清单如表 4-5 所示。

表 4-5 网络礼仪任务准备单

项目	内容
主要工具	电脑或手机等电子通信工具
注意事项	课前查看网络礼仪相关在线资源,搜集撰写电子邮件、微信礼仪内容案例,加强对网络礼仪重要性的认知

任务实施

一、电子邮件礼仪情境模拟练习

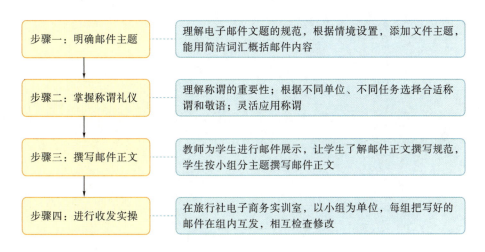

二、电子邮件礼仪情境模拟注意事项

(1)各小组提前准备电子邮件的主题,收集资料准备附件内容。

(2)查看相关在线资源,对电子邮件礼仪有基本概念。

(3)小组成员相互检查、相互修改。

任务评价

(1)做评价:假设你就是"文静",按照电子邮件礼仪要求,对照表4-6打分。

(2)找问题:分析一下被扣分的原因,应该如何补救?

表4-6 电子邮件礼仪情境模拟评分表

项目	分值	要点	自评	互评	师评
主题	10	①文字简短; ②内容概括			
称谓	10	①称谓顶格; ②礼貌、尊敬			
正文	40	①格式、内容无误; ②主题明确; ③条理清晰(一事一段或标以数字)			
结束	10	①格式正确; ②用语合适			
落款	10	①格式正确; ②用语规范			
附件	10	①文件名有意义; ②附件数目、打开格式合适			
收发	10	①收件人、发件人信息正确; ②收件人排序正确; ③及时收发			
自我认知(自己或者本组成员在撰写电子邮件时遇到了哪些疑难问题)					
收获与改进(查阅资料、与同学探讨、询问老师后解决疑难问题)					

能力拓展

（1）细心观察生活中使用微信、微博等社交软件发信息时存在的不妥当之处，按照规范的网络礼仪进行修正提高。

（2）为你最近要找的兼职撰写一份电子求职信，试试效果如何。

情境五 加强面试礼仪

【情境导入】

　　旅游旺季即将来临,各大旅游企业陆续进入校园开始招聘宣讲。为了拿到心仪单位的offer(录取通知),同学们整装待发,面试现场的出色表现可以给面试官留下深刻的印象。让我们跟随四位同学走进面试现场吧!

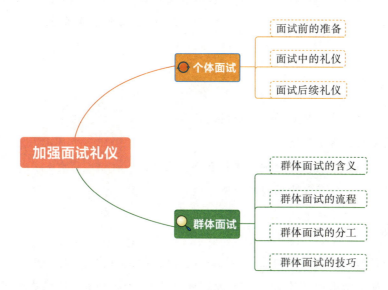

项目1　个体面试

情境导入

面试礼仪的
基本原则

杨帆去面试一家国际旅行社的导游。他自我介绍说:"我这个人喜欢旅游,熟悉各处的名胜古迹,全国的风景名胜几乎都去过。"面试官很感兴趣,就问:"那你去过云南大理吗?"因为面试官就是大理人,对自己的家乡再熟悉不过了。可惜杨帆根本没去过大理,心想若说没去过这么有名的地方,刚才的话不就成了吹牛了吗?于是硬着头皮说:"去过。"面试考官又问:"你住的是哪家酒店?"杨帆再也回答不上来,只好说:"那时我是住在一个朋友家的。"面试官又问:"你的这位朋友在大理的什么地方啊?"杨帆这下没词儿了,东拉西扯答非所问,结果自然是可想而知……

学习任务

(1)杨帆在这次面试中失败的主要原因是什么?
(2)面试要把握什么原则?
(3)面试前、面试中、面试后分别应该注重哪些礼仪?
(4)请帮助杨帆修改面试中的自我介绍。

学习目标

知识目标:掌握个体面试前的准备、面试中的礼仪、面试后续礼仪等知识。
能力目标:能够塑造得体的面试形象,掌握面试礼仪,为顺利进入职场奠定基础。
素质目标:认识到诚信在面试礼仪中的重要性,强化职业素养和职业规范。

相关知识

面试是求职成功的临门一脚,求职者除了要具备良好的专业素养外,掌握相关的面试礼仪也是非常必要的,通过模拟训练使学生掌握旅游从业人员的个体面试规范和技巧,为步入职场奠定坚实基础。让学生通过讨论、参与体验,激发团队合作意识、职业责任感、诚信意识以及学习成就感。

一、面试前的准备

好的开头是成功的一半,求职从进入面试单位前就已经开始。面试前做好求职准备,根据求职岗位设计专属简历可以为整个面试过程锦上添花。

1. 做好求职准备

求职前要认清就业形势、摆正心态,树立积极主动的求职意识,排除择业的心理偏差和心理障碍。同时,要充分认识自己、了解应聘公司、分析岗位需求,做到知己知彼;提前准备一些资料,如公司的宣传材料,求职信、个人简历、身份证、学历学位证书,以及将要询问对方的问题;按照求职岗位的标准着装,保持完美的职业化仪容、仪表(图5-1和图5-2)。

你准备好了吗?

图5-1 资料准备

图5-2 仪表准备

2. 设计专属简历

针对求职岗位量身打造个人简历,简历内容要完整、照片选择要慎重、自我评价要客观、简历排版要美观;投递简历时要使用真实姓名、标注应聘岗位并选择合适的时间发送。

二、面试中的礼仪

进入面试单位要留心每一个细节,争取给面试官留下良好的第一印象。面试礼仪合规范、自我介绍切要点、问答环节显亮点,整个面试过程都要注意自己的表情、手势和举止,保持适度的微笑。

遵循面试礼仪

1. 面试礼仪合规范

进入面试官办公室时先敲门,经允许后进入,关门动作轻而稳。见面时向面试官微笑致意并问好,经面试官示意允许后,轻而缓落座。上身保持直立,身体背部与椅背平行,男士微分双脚,双手放在大腿上或者桌面;女士并拢双膝端坐,双手自然在大腿交叠,五指并拢(图5-3和图5-4)。

图5-3 正确落座

图5-4 女士坐姿

面试时求职者应当礼貌平视面试官,目光可每三秒钟移动一下,注视的部位最好是面试官的鼻眼三角区,目光平和而有神,专注而不呆板,眼神不因紧张而飘忽不定。切忌斜视、俯视、仰视,更不能有心不在焉甚至挑逗的眼神。

在面试官讲话的过程中适时点头示意既是对对方的尊重,也可让对方感到求职者的风度、诚恳、大气、不怯场。当面试官介绍公司和职位情况时,更要适时给予反馈。

2. 自我介绍切要点

面试中的自我介绍要简明扼要、谦虚谨慎、切中要点,态度一定要自然、友善、亲切、随和,在短时间内让面试官了解自己的能力、特长,以 1—2 分钟左右为佳,切忌长篇大论、虚张声势。说清楚个人特点即可:简单背景介绍、公司为什么要选择你、你选择公司的理由。

自我介绍切要点

3. 问答环节凸显亮点

面试官通过问答了解求职者的价值观、专业性等,以便做出全面评估。求职者可以充分准备常规问题,在回答问题的过程中,掌握以答为主、以问为辅的问答技巧,简洁而实际,尽可能展现出本人的亮点。

三、面试后续礼仪

1. 整理心情

面试结束只是完成一个阶段,如果向几家公司求职,则必须调整心情,全身心投入下一家的面试准备工作,在未有 offer 之前,不应放弃其他机会。

2. 总结反思

反思自己面试中的表现、和其他求职者的差异,总结自己的优势和劣势,这将帮助求职者补充自己的价值观,对下一次面试非常有帮助。

3. 保持冷静

求职者在面试结束的这一段时间里一定耐心等候消息,不要过早打听面试结果,以免让面试官产生不好的印象。

4. 电话感谢

求职者可以在面试后的一两天之内,给面试官打电话表示感谢,加深面试官对求职者的印象,电话感谢要把握合适的时间,内容要简短,最好不超过两分钟。

电话感谢时间

5. 电邮感谢

在面试结束后 24 小时内,发一封电子感谢信,不仅可以表达真挚的感谢,也可以跟进求职情况。

> **传统礼仪小贴士:**
> "君子有九思:视思明,听思聪,色思温,貌思恭,言思忠,事思敬,疑思问,忿思难,见得思义。"
> ——《论语·季氏篇》

任务准备

任务准备清单如表 5-1 所示。

表 5-1 个体面试任务准备表

项目	内 容
练习环境	礼仪实训室、面试桌椅、垃圾桶、电话等
准备工作	招聘企业情况、需求岗位情况、面试问题、着装准备、个人应聘资料等
注意事项	课前查看助力个体面试微课,加强对面试礼仪重要性的认知

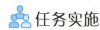任务实施

一、导游岗位个体面试礼仪情境模拟练习

1. 面试礼仪情境

西安×旅行社,主营西安地接业务,拥有强大的自有地接团队,轻松的工作环境。因公司业务发展需要,现招聘研学导游 1 名,主要工作内容是:带领游客参观秦始皇帝陵博物院、陕西历史博物馆等,深入讲解历史故事;获取游客评价,不断优化提升讲解内容。任职要求:具有导游证;旅游管理相关专业背景;富有亲和力、幽默感;能迅速和孩子打成一片,有一定的领导力。

2. 双方角色分配

面试官 3 人(面试官 1、面试官 2、面试官 3),3 位面试官已在面试间就座,等待求职者进入面试现场。桌面上摆放着即将提问的面试问题:请求职者做自我介绍,2 分钟以内;你对陕历博、兵马俑、碑林等博物馆了解多少?你有带研学旅行团的经验吗?

求职者 3 人(求职者 1、求职者 2、求职者 3),3 位求职者按面试前的准备提前了解了西安×旅行社的情况,带上了专门为此次导游岗位面试设计的个人简历、导游证,穿着适合导游讲解的全套正装,打理好发型、面部妆容,提前 15 分钟到达等待室候场。

3. 面试礼仪话术

面试礼仪话术如图5-5所示。

求职者1（女）面试礼仪

01 礼貌进门

面试时间快到了，求职者1提前到达面试间门口，整理着装，调整微笑表情，左手拿简历等个人资料，身体微微前倾，用右手食指弯曲有节奏地"咚咚咚"敲三下门。
面试官：请进。
求职者1：轻轻推开门，面向3位面试官，并把门轻轻关上。

02 微笑问候

求职者1：各位面试官早上好！（微笑致意）
3位面试官：你好！

03 优雅落座

面试官1：请坐！（右手指向面试间中间的一把椅子，示意求职者1入座。）
求职者1：好的，谢谢！（求职者1稳健而轻松地走向椅子，从椅子左侧进入，再次整理着装，轻而缓地坐在椅子的2/3处，上身保持竖直，身体背部与椅背平行，并拢双膝端坐，双手自然在大腿交叠，五指并拢，直腰挺胸，嘴唇微闭，下颌端收，姿态平和，目光向前平视3位面试官。）

04 自我介绍

面试官2：请你介绍一下你自己，时间控制在2分钟以内。
求职者1：好的，谢谢！我是来自xxx学院旅游管理专业大学三年级的求职者1，在西安浓厚的历史文化氛围中长大，非常热爱文旅行业，希望能将自己学到的专业知识运用在家乡的旅游业发展中。我在大二上学期考取了导游证，实地走访过陕历博、兵马俑、碑林等博物馆，了解相关历史文化知识，并在大二下学期参加了学校统一组织的带团实训课程，一共带过5次中小学研学旅行团，积累了一定的实践经验。贵社是我在校听多位老师常常提到的西安最有名的地接旅行社之一，尤其擅长研学旅行业务，我非常希望能在贵社学习、提升进步，贡献自己的一份力量。（简明扼要、切中要点。）

05 问答交流

面试官3：你学校组织你们带过研学旅行团吗？
求职者1：是的，我们有带团实训课程，也是在拿到导游证后真正参与了带团实践。（认真倾听、给予反馈。）
面试官1：你对陕西历史博物馆、兵马俑、碑林等博物馆了解多少？
求职者1：西安是十三朝古都，代表灿烂中华文明的周秦汉唐皆建都于此，能让游客同时感受到这些历史文化的地方，唯有陕西历史博物馆。尤其在参与节目国家宝藏后，这里成为了真正的网红地，这是一所专门讲述陕西历史的国家级博物馆。兵马俑的全称是秦始皇陵兵马俑博物馆，位于西安东北方向的临潼区，距离西安四十公里左右。兵马俑是秦始皇陵的陪葬品之一，目前已经发现了三个坑，展示的是秦国时期士兵的真实风貌。三个俑坑分别代表不同的身份，有士兵，也有指挥所，还有其他尚未挖掘的兵马俑坑。作为秦国后最重要的任务之一，兵马俑的制作体现了当时极高的手工艺水准。碑林博物馆是陕西创建最早的博物馆，以收藏、陈列和研究历代碑刻、墓志及石刻为主，成为在中国独树一帜的艺术博物馆，红瓦砖墙，自成一处独立的庙宇。（体现出专业性。）
面试官2：看来你的专业知识还是很扎实的。
求职者1：谢谢，我们在校学习了一些理论知识，更多的还是要在实践中继续学习。（微笑点头致意、诚恳、不怯场。）

06 结束离开

求职者3：谢谢，我们公司也非常希望招到专业知识扎实且有带团经验的人，今天面试先到这里，请回去等通知吧。
求职者1：好的，谢谢你们！（微笑点头致意、轻缓起身离座，走出面试间，轻声关门。）

求职者2（女）面试礼仪 ……（按照上述6步骤展开）

求职者3（男）面试礼仪 ……（按照上述6步骤展开）

图5-5 面试礼仪话术示例

二、个体面试礼仪情境模拟练习流程

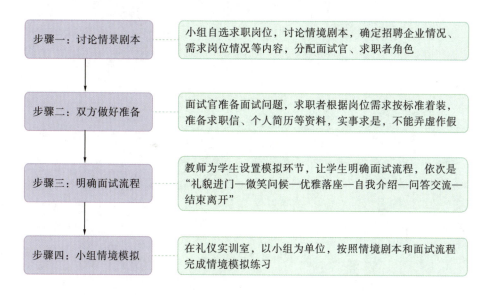

三、个体面试礼仪情境模拟注意事项

(1)按照求职岗位的标准着装,保持完美的职业化仪容、仪表,避免服饰怪异、不搭配、不干净。

(2)得体运用仪态和谈吐礼仪,树立良好的职业形象,避免慌里慌张、毫无表情、左顾右盼、面带疲倦、哈欠连天、大声喧哗等。

(3)小组成员讨论复盘面试全程的表现,相互点评,整体提高。

任务评价

(1) 做评价：假设你是"杨帆"，按照面试礼仪要求，对照表 5-2 打分。
(2) 找问题：若面试中出现差错，分析被扣分的具体原因，该如何改进？

表 5-2 个体面试礼仪评分表

项目	分值	要点	自评	互评	师评
资料准备	15	①对应聘单位、求职岗位有正确认知； ②资料准备充分，无错、漏情况； ③求职信、个人简历与岗位需求贴切			
仪容、仪表准备	10	①根据岗位需求按标准着装、服饰大方整齐合身； ②妆容得体、仪容符合求职岗位需求			
面试中的礼仪	40	①进门先敲门； ②待人态度从容，有礼貌，面带微笑； ③从容落座，坐姿正确； ④目光平视面试官，神情专注，认真倾听； ⑤自我介绍清楚，音量适中； ⑥举止行为得体，需要手势时适度配合； ⑦回答问题准确，语言表达清晰； ⑧临场应变灵活，面试过程流畅			
面试后续礼仪	15	①礼貌地与面试官致谢； ②轻声起立并将座椅轻推至原来位置； ③打电话感谢			
整体情况	20	①情境剧本完整、真实； ②情境模拟自然、流畅			
自我认知（正确认识自我，有个人规划意识、诚信意识、团队协作能力等）					
收获与改进（仪容、仪表；问答技巧等）					

能力拓展

(1)明确提前制定职业生涯规划和量身打造求职简历的意义;

(2)梳理面试中最常被问到的十个问题,结合自身实际进行回复。

项目 2　群体面试

情境导入

X 单位是本地知名旅游企业,也是众多旅游学子梦寐以求的实习企业,竞争非常激烈。和其他同学一样,杨帆、吕亮、文静、马丽四位同学也做了充分的准备并投递了简历。幸运的是,他们都顺利进入到了面试环节。面试现场,面试官安排他们和其他四位同学一起参加群体面试。面试官说:"我们本次面试采用无领导小组讨论形式,稍后我将公布讨论题目,给大家 30 分钟时间,讨论结束后请派代表陈述讨论结果。"公布讨论题目后,面试官不说话了,有些同学开始发言,有些同学开始做记录,杨帆、吕亮、文静、马丽四位同学不知道什么是无领导小组讨论,你看看我,我看看你……

学习任务

(1)什么是群体面试?
(2)在群体面试中如何进行分工与合作?
(3)帮助杨帆、吕亮、文静、马丽四位同学在群体面试中选择合适的角色。

学习目标

知识目标:掌握群体面试的含义、流程、分工和技巧。
能力目标:能够通过团队协作完成群体面试。
素质目标:认识到群体面试中团队合作的重要性。

相关知识

群体面试主要用于考察应试者的人际交往与沟通能力、洞察与把握环境能力、领导能力、协调能力及合作能力等。群体面试是如今很多大公司普遍青睐的面试方法。它能让公司的招聘成本大大减少,无领导小组讨论是典型和常用的一种群体面试方法。

一、群体面试的含义

群体面试是指有多位应试者同时面对一个或多个面试官的情况,面试中通常会给定一个问题,要求应试者在规定的时间内参与小组讨论,相互协作解决问题。群体面试中通过提问和活动来考察应聘者的性格特征,团队合作能力,

无领导小组
讨论流程

领导能力和表达能力,根据岗位的要求来选拔合适的人才。

二、群体面试的流程

1. 自我介绍

面试者进行自我介绍,互相了解,熟悉自己的竞争对手和合作伙伴。

2. 公布题目

面试官公布小组讨论的题目,并说明讨论时间和要求。

3. 头脑风暴

面试者进行简单的书面准备后,进入小组讨论头脑风暴环节,小组成员自由地、没有框架地提出自己的想法。有群体面试经验的团队在这一阶段用时3—5分钟,没有群体面试经验的团队耗时会比较长,可能占50%的时间,这样对后面的讨论会造成不良影响。因此,头脑风暴环节应尽量节约时间。

4. 提出框架

头脑风暴后,团队会有1到2个人站出来提出一个大体框架,因为头脑风暴中大家的意见是不统一的,比较散乱的,需要有人来统一意见,让团队成员在一个框架里面朝着同一个方向努力。

5. 开展讨论

提出框架之后,团队成员将在框架内对这一问题进行讨论。

6. 形成结论

框架内讨论结束后形成一个结论。

7. 展示汇报

形成结论之后,团队成员推选一名代表,将讨论结果向面试官进行汇报。

三、群体面试的分工

群体面试中"无领导"指的是面试官不进行角色分工,大家都是平等的。但在团队中没有角色分工,讨论将无法进行。因此,讨论的第一件事就是每一位成员要在团队中找到自己的角色定位,这个角色不是说出来,而是在心中明确自己将要扮演什么角色。如有的同学会提出很多想法,有的同学会默不作声,这些都是一种角色。在群体面试中有四种角色比较容易进入下一轮面试,这四种角色分别是:领导者、协调者、计时员、记录员,他们有更多机会去表现出面试官希望看到的素质和能力。

群体面试角色

1. 领导者

在群体面试中,领导者一般会说:"刚才我们已经提出来了一些非常好的方案,接下来让我们把它们综合起来。×××,你负责记录,能不能带我们回顾一下刚才的讨论?"领导者推动整个讨论的进程,他会给各个成员分配任务。领导者虽然较少提出自己的见解,但会帮助整个讨论向前推进。

2. 协调者

在群体面试中,协调者一般会说:"刚才×××和×××的意见都有道理,我觉得可以把他们的观点综合起来。"当团队讨论过程中,团队成员出现了争论,意见不统一时,经过协调者的调解,讨论就可以继续进行了。

3. 计时员

在群体面试中,计时员一般会说:"已经过去十分钟了,我们对题目的理解还存在分歧,我们可以抓紧一下时间。"计时员会在讨论过程中对时间进行总体控制。

4. 记录员

在群体面试中,记录员一般会说:"刚才我们一共提出了三点解决办法,一是……二是……三是……"记录员会拿出一支笔一张纸,将大家讨论的意见和观点记录下来,以便后面给大家提供很多回顾的依据。

在讨论过程中,面试官会观察各个面试者的角色表现情况,从而决定谁能进入下一轮。一般来说,一个好的领导者,一定会进入下一轮;一个好的协调者,一定会进入下一轮;能很好地把握进程的计时员,会有加分,如总体方案理想,会进入下一轮;能详细记录大家讨论意见的记录员,最后大家推举他去作展示汇报,如果展示得好,也很有可能进入下一轮。

四、群体面试的技巧

在群体面试过程中,掌握一些小技巧,可以为自己的面试加分。

1. 保持团队合作

在群体面试中,团队合作是考察的核心内容,所以应聘者应该有团队合作的意识,不要抢着说话,也不要不说话,择机发言是比较好的做法,给人感觉有积极性,但是又有团队合作的意识。时刻保持团队参与感,体现出自己团队润滑剂的作用。每到一个时间点进行归纳,保证每个人的观点都在正确的轨道上推动讨论继续,这样,也体现了你的总结和组织能力。

2. 尊重他人发言

尊重他人就是尊重自己。"×××讲的我非常同意,除此之外,我还有一点要补充……"当小组中有人提出的观点你并不能认同时,可以用上述的方式表达。首先肯定对方的发言,再补充自己的意见,如果在讨论过程中打断其他人,在后面的讨论中也会被别人打断。

3. 协调不同意见

在无领导小组讨论过程中,也许会碰到很强势的人,他不会跟人打交道,不懂得听取别人的意见。如果一个小组出现两个或两个以上这样的人,他们就会意见不一致,谁也说服不了谁。这时候需要一个人用温和的语调进行调解,一般就能缓解这种不利状态,让讨论继续进行下去。

4. 积极认真记录

在群体面试现场一般会有一块白板,如果白板旁边有位置时就坐在旁边。当大家谈论得不可开交时,可以拿出笔来在白板上画,天然地成为一个协调者和记录员,做得好会有加分。精神高度集中,参与讨论,多看多听、多想多记,记录分析。然后在总结阶段一定要优雅地举手说"我来",有礼貌地为自己争取机会。

小组代表汇报

> **传统礼仪小贴士：**
> "唯宽可以容人,唯厚可以载物。"
> ——《薛文清公文集》

任务准备

任务准备清单如表5-3所示。

表5-3 群体面试任务准备表

项目	内 容
练习环境	礼仪实训室、面试桌椅、白板、纸、笔等
准备工作	无领导小组讨论问题
注意事项	课前查看群面微课,加强对面试礼仪重要性的认知

任务实施

一、计调岗位群体面试礼仪情境模拟练习

1. 面试礼仪情境

西安×旅行社,主营西安地接业务,拥有强大的自有地接团队,轻松的工作环境。因公司业务发展需要,现计划招聘计调2名,要求应聘者具备较强的组织协调、沟通能力。因进入面试的人员较多,为节约招聘成本,旅行社计划采取无领导小组讨论形式进行群体面试。

2. 小组讨论题目

假设你是"可口可乐"公司的业务员,现在公司派你去偏远地区销毁一卡车的过期面包(不会致命的,无损于身体健康)。在行进的途中,刚好遇到一群饥饿的难民堵住了去路,因为他们

坚信你所坐的卡车里有能吃的东西。

这时报道难民情况的记者也刚好赶来。对于难民来说,他们肯定要解决饥饿问题;对于记者来说,他要报道事实;对于你来说,你要销毁面包。

现在要求你既要解决难民的饥饿问题,让他们吃这些过期面包(不会致命的,无损于身体健康),以便销毁这些面包,又要不让记者报道这些面包已过期的这一事实。请问你将如何处理?

说明:(1)面包不会致命。(2)不能贿赂记者。(3)不能损害公司形象。

3. 面试礼仪话术

领导者:"刚才我们已经提出来了不少非常好的方案,接下来让我们把它们综合起来。×××,你负责记录,能不能带我们回顾一下刚才的讨论?"

协调者:"刚才×××和×××的意见都有道理,我觉得可以把他们观点综合起来。"

计时员:"已经过去十分钟了,我们对题目的理解还存在分歧,我们可以抓紧一下时间。"

记录员:"刚才我们一共提出了三点解决办法,一是……二是……三是……"。

二、群体面试礼仪情境模拟练习流程

三、群体面试礼仪情境模拟注意事项

(1)根据自己的性格特点选择适合的角色进行扮演,充分发扬自己的长处。

(2)加强逻辑思维训练,思考问题要全面细致,发表观点要清晰有力。

(3)小组成员互相讨论在群体面试中的表现,互相点评,取长补短。

任务评价

（1）做评价：假设我们是"杨帆、吕亮、文静、马丽"四位同学，按照面试礼仪要求，对照表5-4打分。

（2）找问题：若面试中出现差错，分析被扣分的具体原因，该如何改进？

表5-4　群体面试礼仪评分表

项目	分值	要点	自评	互评	师评
积极主动	20	①主动承担任务（记录、计时、汇报等）； ②主动发言（发言次数、时机把握等）			
逻辑思维	20	①思考问题全面细致，条理清晰，结构完整； ②观点有一定创新性，报告逻辑性强			
沟通表达	10	①清晰、连贯地表达自己的想法和意见； ②获得别人的理解和支持； ③用心倾听他人意见，并及时作出调整和回应			
组织协调	10	①引导讨论方向和进展； ②协调和容纳不同意见； ③综合提炼同类观点的能力			
影响说服	10	①敢于发表不同的意见； ②有力论证自己的观点； ③对他人意见进行影响和说服的能力			
团队合作	10	①积极与团队成员分享自己的观点； ②讨论不一致的观点，最终达成一致			
人际协调	10	①记住其他成员的姓名； ②善于缓解紧张气氛			
情绪稳定	10	①遇到反驳意见时，情绪稳定； ②讨论陷入僵局时，情绪稳定			

能力拓展

（1）剖析自身性格，明确在群体面试中扮演的角色；

（2）查找无领导小组讨论经典面试题目，并展开思考。

情境六　旅行社服务礼仪

【情境导入】

　　转眼大三,同学们进入了教学实习阶段,杨帆和马丽应聘到旅行社导游、计调等岗位轮岗实习。旅行社是旅游活动的组织者、安排者和联系者,是整个旅游活动中的主导力量。旅行社是与饭店、交通和旅游景区共同为人们提供旅行服务的专门机构,咨询、接待与导游服务是旅游业文明礼仪的窗口,尤其是导游、研学导师礼仪直接反映了旅行社的服务水准,乃至旅游地的形象。让我们跟随两位同学,开始学习旅行社服务礼仪吧!

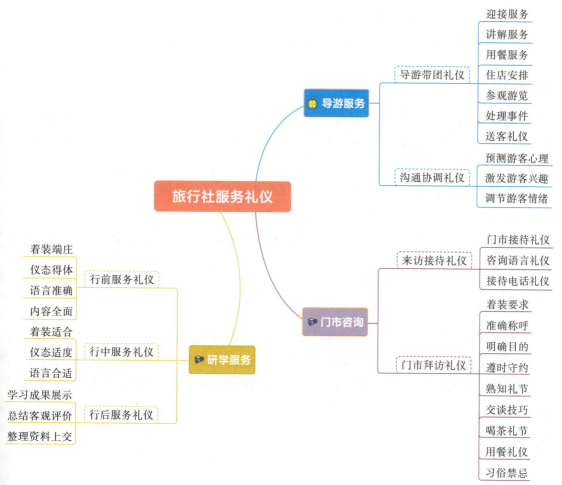

项目 1　导游服务

情境导入

杨帆受公司领导指派,去机场迎接一位重要客人。他出发的时间有点晚,当他紧紧张张赶到机场时,飞机刚刚降落。由于着急赶时间,杨帆满头大汗,于是他敞开衣服、解开领带。见到客人后,杨帆跟客人热情地握手、寒暄,并引导客人到达停车地点,最后把客人安全送到下榻的饭店,顺利完成了接待任务。

学习任务

(1)导游杨帆在迎接客人时有哪些方面做得不符合导游服务礼仪规范?
(2)导游在迎接游客时有哪些礼仪要求?
(3)导游杨帆与游客初次见面时,如何给游客留下良好的第一印象?

学习目标

知识目标:能够说出导游岗位、导游技能大赛、导游资格证考试中关于导游服务礼仪的基本规范和要求,包括迎送礼仪、讲解服务礼仪、用餐礼仪、住店礼仪、突发事件处理以及沟通协调礼仪。

能力目标:能够按照金牌导游的服务礼仪规范和标准,在导游服务工作中灵活应用导游服务礼仪,有效解决导游工作中遇到的问题。

素质目标:认识到导游服务礼仪的重要性,强化职业素养和职业规范,能够文明礼貌,宽和待人,并具有主动服务意识。

相关知识

导游是旅行社的灵魂。导游处在接待服务的第一线,导游服务的表现对整个旅游接待服务工作的成败起着至关重要的作用。旅游专家认为:"一名好导游会带来一次愉快的旅游,反之,肯定是不成功的旅游"。国际旅游界将导游称为"旅游业的灵魂""旅行社的支柱"和"参观游览活动的导演"。

一、导游带团礼仪

1. 迎接服务

接送旅游团队是导游人员的一项十分重要的工作,接团工作的礼仪是否周全,直接影响着旅行社和导游本人在客人心目中的第一印象;而送团则是带团的最后一项工作,如果前面的工作客人都非常满意,但是送团工作出现了礼仪不周的问题,同样会破坏旅行社和导游人员在客人心目中的形象,并使带团的努力前功尽弃。因此,导游接待服务礼仪十分重要。

(1)导游人员到机场、车站、码头迎接客人,必须比预定的时间早到,等候客人,而绝不能让客人等候接团导游。

(2)准备好醒目的接团标志,最好事先了解全陪导游的外貌特征、性别、装束等,当客人乘交通工具抵达后,举起接团标志或旗帜,向到达客人挥手致意。

(3)接到客人后,应说"各位辛苦了",然后致欢迎词,规范化的欢迎词包括五大要素:表示欢迎、介绍人员(自己所属的旅行社及自己的姓名)、预告节目、表明态度、预祝成功。欢迎词要有激情、有特点、有新意、有吸引力,能立即把游客的注意力吸引到导游身上来,给游客留下深刻的印象。

欢迎词展示

(4)介绍过后,迅速引导客人来到已安排妥当的交通车旁,带领客人有秩序地将行李放入行李箱后,再招呼客人按次序上车。客人上车时,最好站在车门口迎宾,需要时应用手护住门顶以防客人碰头。

(5)客人上车,待客人稍作歇息后,应详细介绍旅游活动的日程,或将日程表发到客人手上,以便让客人了解旅游行程安排、活动项目及停留时间等。为帮助客人熟悉目的地,可以事先准备一些相关的出版物给客人阅读,比如报纸、杂志、旅游指南等。

(6)注意观察客人的精神状况,如客人精神状况较好,在前往酒店途中,可就沿途街景作一些介绍;如客人较为疲劳,则可让客人休息。

(7)到达酒店后,协助客人登记入住,并借机熟悉客人情况,随后,将每位客人安排妥当。

(8)客人进房前先简单介绍行程安排,并宣布第二天日程细节。第二天活动如安排时间较早,应通知酒店总台提供团队客人的叫醒服务,并记住团员所住房号,再一次与领队进行细节问题的沟通协调。

(9)不要忘记询问客人的健康状况,如团队客人中有身体不适者,首先应表示关心;若有需要,应建议游客进行预防或就医治疗,以保证第二天行程计划的顺利实施。

(10)与客人告别,并将自己的房间号码和联系方式告知客人。

2. 讲解服务

讲解是导游人员的基本功,讲解时也应遵循一定的礼仪规范。

(1)树立良好服务形象(图6—1)。导游人员从第一次接触宾客时起,就要注意自己的仪表风度和言谈举止,做到称呼得体、动作文雅、谈吐大方、态度热情友好、办事稳重干练,给游客留下良好的第一印象。

图6-1 树立良好导游形象

（2）做好团队带领组织工作。导游作为旅游活动的组织者,应时时处处以身作则,走在游客的前面。带团时,导游应提前十分钟到达出发地点,以便与领队或全陪交流信息、协商工作。要有礼貌地招呼早到的游客,听取他们的意见和建议,不断提高服务质量(图6-2)。

图6-2 地陪与全陪、领队协商工作

(3) 端正讲解姿态。在旅游车上讲解时，应面对游客，不能背对游客坐着。讲解时目光要照顾到全体游客，不可仅注视一两个人。面部表情要亲切、自然，姿势要端正、优美，给人以落落大方的感觉。

(4) 不能只游不导。导游在工作中要尽职尽责，不可只游不导，应该充分发挥自己的口才，为游客介绍旅游景点。这个前提是导游要保持终身学习状态，储备相关讲解知识。文旅融合时代的导游要求是学者型、知识型的导游，要循序渐进地打磨讲解内容，具有高超的导游讲解技术，尽己所能为游客介绍旅游景区，精益求精地讲好中国故事。让游客既能关注旅游景区所承载的文化价值和家国情怀，也向往当代生活所体现的环境品质和人间烟火。

导游讲解艺术

> **传统礼仪小贴士：**
> "人一能之，己百之；人十能之，己千之。果能此道矣，虽愚必明，虽柔必强。"
> ——《礼记·中庸》
> "良冶之子，必学为裘；良弓之子，必学为箕。"　——《礼记·学记》
> "致知在格物。物格而后知至，知至而后意诚，意诚而后心正，心正而后身修。"
> ——《礼记·大学》

(5) 遵守导购职业道德。游客在旅游过程中，会选购一些有地方特色的旅游土特产以作纪念或馈赠亲友，导游应积极主动给游客当好导购和参谋，将游客带到商品质量好、价格公平合理的旅游商店，而不应该唯利是图，违背职业道德。

(6) 学习旅游直播讲解。随着旅游业回暖，要更好地服务于"云旅游"发展，传统导游应向"互联网＋现代导游"复合型人才转变，数字化知识至关重要。导游可以参与到直播团队中，学习一些编写文案、拍摄视频、剪辑技能，直播用语、客户互动技巧及直播室应急处理等知识，在线上传播人文风光，同时"带货"助销地方特产。让游客通过短片、直播实现"不出行看遍天下美景"。

3. 用餐服务

恰当的团队饮食安排能使旅游活动变得丰富多彩，加深游客对旅游目的地的良好印象。

(1) 做好用餐准备。提前落实用餐的时间、地点、人数与标准，这是对导游人员服务工作的基本要求。提前落实是对客人的尊重，也是用餐质量的保证，使客人一进餐厅就能得到热情的服务。

(2) 了解客人特殊要求。不同的客人饮食要求不同，老年人、小孩喜欢清淡的食物，年轻人喜欢口味重的食物，女性喜欢健康、绿色的食物。有宗教信仰的游客，需尊重其饮食禁忌。

出于保持健康的原因，游客对于某些食品也有禁忌。比如，高血压、高胆固醇的游客要少食油腻的食物。不同地区的人们饮食偏好往往也有所不同。比如，四川人、湖南人普遍喜欢吃辛辣食物等。

因此，作为导游必须要了解客人饮食要求，尽量兼顾游客的饮食习惯，以满足他们的要求。

(3)引导客人入座。引座是导游人员对客人的礼遇。导游应协助餐厅服务人员把客人引领到事先预订好的位置，并热情介绍本餐厅及其菜肴特色，让客人有宾至如归之感。

(4)巡视客人用餐。为了能使客人满意用餐，导游在安排好客人就餐后，还应在用餐期间至少巡视一两次，解答游客在用餐中提出的问题，并监督、检查餐厅是否提供了标准服务，如发现问题或客人不满意，应及时与餐厅联系寻求解决。

4. 住店安排

在饭店内，导游人员应当掌握相应的礼仪规范以展示自己良好的职业素养。住店安排的礼仪要求主要包括以下方面。

(1)介绍饭店设施。游客初来乍到，对即将入住的饭店心理期待较高。作为导游，在旅游车即将到达饭店时，应向客人介绍饭店的基本情况，包括饭店的名称、位置、距机场(车站、码头等)的距离、星级规模、主要设施、服务项目及注意事项等，以满足游客的心理需求。

(2)协助办理入住。一般而言，办理入住手续应由领队或全陪操作，但地陪更为熟悉本地情况，应予以协助办理，这也是对客人的尊重。同时，地陪协助办理，可掌握游客的房间号，以便及时为客人服务。

(3)照顾行李进房。游客来到旅游目的地，大都带有大件行李。导游应等待行李送达酒店并仔细核对，督促饭店行李员送入客人房间，以防出错。如果发现行李丢失，导游应安慰客人，积极帮助客人寻找，并为客人解决生活困难。

(4)协助处理问题。安排好客人入住后，导游迅速离去是失礼的。因为游客入住后还可能会遇到一系列的问题，如发现房门打不开、房间不符合预订标准、房间设施不全或损坏、房间卫生未打扫或行李投错等。如果导游分完房间后就一走了之，没有解决好一系列的入住问题，会引起客人的不满情绪。

(5)处理好与游客的关系。在导游住饭店期间，导游人员与游客既是主客关系，也是邻居关系。遇见游客，应主动打招呼；要注意观察游客动向，随时提供帮助和服务；导游人员进入游客房间，一般应事先电话约定，未按门铃或敲门，不得擅自进入，一般不随便单独进入客人的房间，更不要单独去异性的房间；在游客房间里，不要触摸客人的私人物品，不要随意借用客人的电话。

5. 参观游览

到海外参观游览应入乡随俗、客随主便。在参观过程中，应专心听取介绍，不可显露出不耐烦和漫不经心。注意尊重对方的风俗和宗教习惯。如要摄影，应事先向接待人员了解有无禁止摄影的规定。

6. 处理事件

由于旅游活动有较多的不确定因素，加之需要协调衔接的部门、环节较多，很难预料在组织游览过程中,会发生怎样的突发事件,因此导游需注意以下要点,以妥善应对各类突发事件。

(1)出团前细致的准备工作。在带团出游前对游览计划、线路设计、搭乘交通工具、景点停留时间、沿途用餐地点等做出周密细致的安排,并根据以往的带团经验充分考虑容易出现问题的环节,准备好出现突发问题时可采取的对策及应急措施。

(2)配备相关的出团必需品。导游应准备一些常用的药品、针线及日常必需品,以及应付突发事件需要联系的电话号码(如急救、报警、交通票务服务人员、旅行社负责人、车队调度等)。

(3)了解旅游团成员情况。导游在出团前应亲切询问旅游团客人的身体健康状况,对老年团队成员尤其要细心,做好服务工作。

(4)强调游览安全问题。游览有危险因素的景点或进行有危险的活动,如爬山、攀岩、游泳等,一定要特别强调安全问题,并备有应急措施。

(5)突发事件的处理。突发事件发生以后要沉着冷静,既要安抚客人,稳定客人情绪,又要快速提出周密的处理方案和步骤,尽量减少事件带来的负面影响。

7. 送客礼仪

(1)客人活动结束前,要提前为客人预订好下一站旅游或返回的机(车、船)票,客人乘坐的机舱、车厢、船舱尽量集中安排,以利于团队活动统一协调。

(2)为客人送行时,应提醒客人检查是否有遗漏物品并及时帮助处理解决,使对方感受到自己的热情、诚恳、有礼貌和有修养。应该致欢送词,有水平、符合规范的"欢送词",应有五个要素:表示惜别、感谢合作、小结旅游、征求意见和期盼重逢。

(3)机场安检后,火车、轮船开动以后,应向客人挥手致意,直至客人看不见自己,才能离开。如果自己有其他事情需要处理,不能等候很长时间,应向客人说明原因并表示歉意。

二、沟通协调礼仪

1. 预测游客心理

俗话说:"凡事预则立,不预则废。"一名合格的导游,要圆满完成带团任务,并尽量使每个游客游得开心、游得满意,应对所接团成员的姓名、国籍、民族、身份、年龄、性别、职业、文化程度等方面的资料进行详细了解,并对他们的旅游动机、心理需求、游览偏好等情况作出大致的预测,从而合理安排旅游路线、合理分配景点停留时间、确定景点介绍,以使整个接团工作在团队成员未到之前便已经做到心中有数。

2. 激发游客兴趣

游客游兴如何是衡量导游工作成败的关键。游客的游兴可以激发导游的灵感,使导游在整个旅游过程中和游客心灵相容,一路欢声笑语。相反,如果游客兴趣索然,表情冷漠,即使导游竭尽所能,也会毫无成效。

游客兴趣具有多样性和复杂性,同时也具有能动性。要使游客的兴趣由弱到强,并具有相对的持久性和稳定性,与导游的积极调动、引导有很大的关系。激发游客游兴的因素包括两个方面:一是景观本身的吸引力;二是导游借助语言技巧调动和引导。

导游词的主题是一致的,但必须根据旅行团的人员构成、年龄、团型等因素不断地做出调整,尤其要适应现在互联网发展变化,随时都需要融入新的元素。

另外,在游览过程中,要善于提出游客感兴趣的话题,可根据不同游客的心理特点,选择不同的话题,如满足求知欲的话题、刺激好奇心的话题、满足优越感的话题、娱乐性话题等。

3. 调节游客情绪

情绪是人对于客观事物是否符合主观需要而产生的一种态度和体验。旅游活动中,由于有相当多的不确定因素和不可控因素,随时都可能导致计划的改变。例如,有时由于客观原因致使游览景点要减少,游客感兴趣的景点停留时间要缩短;预订好的中餐因为某些不可控制的因素,临时改变为西餐;订好的航班因大风、大雾停飞,只得临时改乘火车……类似事件在接团和陪团时会经常发生。这些都会直接或间接影响到游客的情绪。

导游要用言行化解客人不良情绪,比如,一个旅游团因订不到火车卧铺票而改乘轮船,游客十分不满,在情绪上与导游出现了强烈的对立。导游面带微笑,一方面向游客道歉,请大家谅解,解释说这是由于旅游旺季火车票紧张导致了计划的临时改变;另一方面,导游耐心开导游客,乘轮船虽然速度慢一些,但提前一天上船,并未影响整个游程,并且在船上能够欣赏到两岸的风光,相当于增加了一个旅游项目。导游成功地运用分析方法,以诚恳、冷静的态度,幽默、风趣的语言,很快消除了游客的不满情绪。

任务分析

导游得体的语言、优雅的举止会为游客带来美的享受。导游需要根据不同的旅游情景,通过分析不同游客的需求,有针对性地为客人提供细致的服务。

任务准备

任务准备清单如表 6-1 所示。

表 6-1 导游服务礼仪训练任务准备表

项目	内容
主要工具	导游旗、电子导游证、导游识别卡、接机牌等用品
其他场景	景区、酒店、机场、火车站、码头等
注意事项	课前查看导游服务过程的微课,搜集导游服务礼仪案例,加强对导游服务礼仪重要性的认知

情境六　旅行社服务礼仪

任务实施

一、导游语言礼仪模拟练习

请你根据设定的不同导游服务情境,帮助导游杨帆分别设计一句相对应的服务语言,并将其填写在表6-2中。

表6-2　导游语言礼仪模拟练习

服务情境	服务语言
导游在机场接机,游客为史密斯夫妇	
导游在机场接到客人后,应说	
导游在致欢迎词时问候客人	
导游代表旅行社向客人表示欢迎	
导游在致欢迎词时表明自己愿意竭尽全力为客人做好服务	
导游祝愿客人旅途愉快	
游客询问导游可否在非泳池的湖里游泳	
游客想单独前往夜市感受当地的文化	
老年游客不想跟团爬山	
游客在广场跟团旅游时丢了钱包	

二、导游在机场接机时礼仪模拟练习

请3—4人一组,分别扮演地陪、领队和游客等角色,模拟游客从机场抵达大厅走出,地陪寻找客人、确认客人、引领客人到旅游大巴上的完整接待流程,并根据导游人员的操作礼仪要求进行总结凝练,完成表6-3的礼仪要点描述。

表6-3　导游机场接机礼仪模拟练习

服务情境	服务语言及礼仪
接机准备	
在机场大厅等待客人	
游客航班抵达机场	
认找客人	
地陪与领队沟通	
确认游客	
对客寒暄	
引领客人到旅游大巴上	

任务评价

(1)做评价:假设你是杨帆,按照导游服务礼仪,对照表6-4打分。

(2)找问题:分析一下被扣分的原因,并思考应该如何改进。

表6-4 导游服务礼仪任务评价表

项目	分值	要点	自评	互评	师评
准备和接机服务	40	①导游接机准备的规范; ②找寻游客的规范操作; ③称呼语的规范使用; ④问询语的规范使用; ⑤接机服务操作礼仪			
找到客人后的服务	40	①称呼语的规范使用; ②问询语的规范使用; ③应答语的规范使用; ④引领游客操作礼仪; ⑤沟通用语的规范使用			
旅游大巴上的服务	20	①清点人数的规范礼仪; ②欢迎词的规范使用; ③目光交流; ④欢迎词的内容完整			

能力拓展

(1)导游在讲解时应具备哪些礼仪;

(2)导游与游客沟通时,应把握哪些沟通礼仪的要点;

(3)旅游团用餐时,导游应注意哪些用餐时的礼仪。

项目2　门市咨询

情境导入

会务组深夜临时决定变动第二天的某项活动安排。为此,门市工作人员马丽必须在深夜逐一打电话,通知到该公司的员工。第二天,马丽惊奇地告诉杨帆:"你知道吗？昨晚我给145个客人打电话,起码有50个客人的第一句是'您好,某公司',在深夜里迷迷糊糊地接电话,第一句话依然是这样。这个公司员工的职业素养真是不简单！"

学习任务

(1)为什么这个公司许多员工接到电话第一反应都是"您好,某公司"？
(2)旅行社门市经营中,员工应该具备哪些基本的礼仪？

学习目标

知识目标:掌握旅行社门市接待礼仪、门市拜访礼仪、语言沟通礼仪和电话礼仪。

能力目标:能够正确地在旅行社门市岗位工作中运用合适的礼仪礼节接待咨询的客户,能够用文明礼貌的语言与客户有效沟通。

素质目标:认识到旅行社门市咨询礼仪的重要性,树立职业道德和职业素养,认可"以游客为本、服务至诚"的价值观。

相关知识

旅行社门市人员得体的仪态、合适的举止、热情而又稳重的沟通语言会给潜在客户带来沉稳、专业的感觉。旅行社门市服务人员需根据潜在客户的不同需求,通过分析潜在客户的特点,有针对性地对客人提供热情、大方、高效的服务。

一、来访接待礼仪

旅行社门市接待是其日常工作中的重要组成部分。有客来访,尤其是业务伙伴的到访,预示着新一轮的业务合作即将开始。作为接待方,旅行社工作人员必须全力体现出良好的企业形象,增强其可信度。

1.门市接待礼仪

(1)认真做好准备工作。当接洽人员确认旅行社将有客户来临时,首先要去会客室检查一下准备工作是否有所遗漏,在与客人约定的时间之前把一切准备工作做妥。

(2)选择合适洽谈地点。进行旅游商务洽谈活动,如果不方便在旅行社接待,可以约客人到合适的场所会晤。必须注意的是,约客人见面,应该提前到达约定的场所。宁可等候客人,也不可让客人等待。

(3)接待人员精神面貌。作为旅行社门市的商务接洽人员,要时刻保持饱满的精神,主动行礼,微笑待客,对客人存有感激的心态。

(4)态度要谦和亲切。对于来访的同行或业务伙伴,应该像招待老朋友一样热情亲切地问候,让其感到被重视。但是这种热情也要把握好分寸,过分的热情只会取得适得其反的效果,让客户产生一种高度戒备的心理。因此,对待不同的客户,要视具体情况采用对方能接受的态度。对待客户因帮忙而来的感谢,也要不居功,谦虚回答"不客气"或者"没关系"。

> **传统礼仪小贴士:**
>
> "是故君子不自大其事,不自尚其功,以求处情。"　　——《礼记·表记》
>
> "夫德不优者,不能怀远;才不大者,不能博见。"　　——《论衡》

(5)接待人员的待客之道。所有前来旅行社的客人,门市接待人员都应该礼貌对待,强调平等待客,慎重洽谈。客人未离开时不要谈论该客人的事。旅行社应该注意有些来访者的真正目的不是进行旅游洽谈,而是打听企业情报或商业机密。因此,对于客人的询问要慎重处理。

(6)旅行社人员的形象礼仪。在整个洽谈的过程中,接待人员要姿态得体大方。正确使用目光、表情、手势、身姿、服饰等非语言信号,力争给对方留下一个好的印象。

门市咨询形象要求

2. 咨询语言礼仪

(1)使用文明、礼貌用语。当客人进入旅行社门市营业部时,应主动向客人打招呼致意:"您好,有什么可以帮到您?"

当客人准备离去时,可以提出"请问还有什么问题吗""还有什么可以帮到您"等问题。不管客人有无参加本旅行社的旅游活动,都应该热情招待,送客时应该微笑起立,并说"再见"。

(2)使用适当的称呼。与客人交谈时,一般要称"您",以表示尊敬和客气。在交谈进入一定阶段后,为了表示热情,拉近与客人的距离,可适当选用称呼,如改称较年长女士为"大姐",较年长男士为"大哥"。

(3)使用准确规范的语言。与非本地客人交谈时不能使用本地方言或口头禅,以免使客人在理解上感到困难。回答客人的提问要确定、详细,不可信口开河,或模糊不清。尽量不用"好像""大概""基本上"之类的词语。

(4)控制好谈话的语速和语调。掌握良好的说话语速和语调有利于表达接待人员的热情、稳重、可信。

3. 接听电话礼仪

接听旅游咨询电话是旅行社门店实习生比较常见的工作。

（1）接听准备。在旅行社门市工作，一般要在办公桌上放置纸和笔，随时准备接打电话时使用。电话铃响三声之内应该接起电话。

（2）接听电话。面带微笑迅速接起电话，注意接听电话的语调和语速，让对方也能在电话中感受到热情。拨打电话时，列出要点，避免浪费时间。

（3）语言规范。一般的礼貌规范语言如下：

"您好！这里是×××旅行社×××门市营业部，请问有什么可以帮您？"主动问候，报部门，介绍自己。

"您放心，我会尽力办好这件事。"

"不用谢，这是我们应该做的。"

"×××不在，我可以替您转告吗（请您稍后再来电话好吗）？"如果客人找的人不在，可以问一下对方什么时间可以再打电话或请所找人回电话，同时，可以将自己的电话号码或回电时间告诉对方。

"对不起，您打错号码了，这里是×××旅行社×××营业部……没关系。"

"感谢××先生的来电，再见！"感谢对方来电，并礼貌地结束电话。在电话结束时，应用积极的态度，最好称呼对方的姓名来感谢对方。

"您好！请问您是×××单位吗？"

"我是×××旅行社×××营业部，请问怎样称呼您？"如果想知道对方是谁，不要唐突地问"你是谁"。

门市电话咨询

"对不起，请留下您的联系电话，我们会尽快给您答复，好吗？"

（4）注意事项。注意当电话线路发生故障时，必须向对方确认原因。

当对方的谈话很长时，必须有所回应，如使用"是的""好的"等回应对方。

需搁置电话时或让宾客等待时，应给予说明，并致歉。

当手机出现未接电话时要及时回复，询问是否有要事等。

若非有要紧事，晚上十点后尽可能不要给客人打电话，以免打搅客人休息。

如果接到的电话是找上级时，不要直接回答在还是不在，要询问清楚对方的姓名和大概意图，帮助其联系上级。将所了解的情况告诉上级，由他判断是否接电话。

二、门市拜访礼仪

1. 着装要求

旅行社工作人员进行商务洽谈时，应注重服饰礼仪，按商务人士着装要求准备得体的着装。

2. 准确称呼

记住对方名字并正确地称呼。不同国家的人名有不同的特点,在称呼时也应注意加以区分。在国际商务洽谈中,记住对方姓名是旅行社业务员必备的素质。

3. 明确目的

拜访前应有明确的目的,事先应做认真的准备,带好必要的资料,适时呈现给客户,以便对方选择和判断。

4. 遵时守约

拜访应事先预约,尽量避免失约。应注意访问前要发邮件或去电联系,并事先约定时间、地点及参加的人员和身份。一经约定,就不要随意变动,尤其是主要成员。去拜访时,应提前5分钟到达,因为许多人都以是否准时作为判断对方能否守信的初始标准。

同时,对于国外客户,还应了解对方的时间观念。不同国家的人时间观念不同。

5. 熟知礼节

旅行社人员在外出拜访时,要携带足够的名片并正确使用名片,要注意名片的内容和正确的递接名片方式。在名片上不要使用缩写,包括旅行社的名称、本人的职位及头衔等。

6. 交谈技巧

拜访时,态度要诚恳大方,言谈要得体,不要颠三倒四、不得要领。除了拜访者主动交谈外,还要注意主人的态度、情绪和反应,注意尊重主人,把握好交谈的尺度。

7. 喝茶礼节

对方递上茶水时,应从座位上欠身,双手捧接,对递茶过来的人不要忘记说声"谢谢",并且趁热时浅尝一下。

8. 用餐礼仪

出于礼貌,不要拒绝对方推荐的食物。即使食物不是非常合口味,也要尝一些。

9. 习俗禁忌

要了解对方的商务习惯和风格,避免触碰到对方的禁忌。

任务分析

旅行社门市人员在与客人交谈沟通时,应遵守门市服务人员礼仪要求,展现热情、尊重、友好、细致的服务态度,耐心解答客人疑问,站在客人的角度为客人介绍合适的旅游产品。

情境六　旅行社服务礼仪

任务准备

任务准备清单如表6-5所示。

表6-5　门市咨询礼仪训练任务准备表

项目	内容
主要工具	工牌、旅游宣传资料
其他工具	桌椅、沙发、办公电脑、网络
注意事项	课前查看旅行社礼仪微课，搜集旅行社门市咨询礼仪案例，加强对旅行社咨询服务礼仪重要性的认知

任务实施

旅行社门市咨询程序及礼仪如图6-3所示。

门市咨询程序与礼仪

图6-3　旅行社门市咨询程序及礼仪

任务评价

（1）做评价：假设你是"马丽"，按照旅行社门市员工咨询程序及礼仪，对照表6-6打分。

（2）找问题：若旅行社门市咨询服务程序与咨询礼仪操作起来有困难（不能在15分钟内完成），该如何改进？分析一下被扣分的原因，应该如何补救？

表6-6 门市咨询礼仪训练任务评价表

项目	分值	要点	自评	互评	师评
使用文明、礼貌用语	25	①当客人进入旅行社营业部时，应主动向客人打招呼致意；②当客人准备离去时，应起身询问"还有什么可以帮到您"等问题			
使用适当的称呼	25	①与客人交谈时，一般要称"您"，以表示尊敬和客气；②开始交谈时，还应表现得热情			
使用准确和规范性语言	25	①回答客人的提问要确定，避免使用模糊性语言；②避免使用方言、口头禅			
控制谈话的语速和语调	25	①掌握合适的语速；②保持热情、稳重、可信的语调			
自我认知（审视自己与模拟客户对话时的语言表达流利程度、准确程度、措辞的严谨与有效沟通程度）					
收获与改进（语速、语调、声音大小是否协调）					

能力拓展

（1）小组实地走访旅行社门市，观察门市接待人员提供咨询服务时有哪些亮点，哪些还可以改进。

（2）按照旅行社门市工作岗位的要求，总结归纳接待人员见面咨询、电话或者网络咨询的要点和禁忌。

项目 3　研学服务

情境导入

杨帆和马丽分别在旅行社导游部和门市部实习,一段时间后,他们将转岗到研学部实习。杨帆认为研学服务和导游服务差不多,自己可以立即带研学团队,而马丽认为研学服务和导游服务根本目的不同,研学指导师和导游的服务侧重点和服务礼仪也应不同,为此他们发生了争论。

学习任务

(1)研学指导师服务和导游服务的内容和标准是否一样？有哪些异同点？
(2)研学服务有哪些礼仪要求？

研学辅导员和导游的区别

学习目标

知识目标:掌握研学服务礼仪的基本规范和要求,包括行前服务、行中服务和行后服务,熟悉"'1+X'研学旅行课程设计与实施"职业资格等级证书考试内容。

能力目标:能够灵活应用研学服务礼仪从事研学服务工作,解决研学服务工作中遇到的问题。

素质目标:认识到研学服务礼仪的重要性,强化职业素养和职业规范;能够身正示范,践行研学服务立德树人的教育使命。

相关知识

研学旅行可以推动素质教育的全面实施,从小培养学生文明旅行的意识,养成文明旅行的行为习惯,还可以促进学生践行社会主义核心价值观,激发学生对党、对国家、对人民的热爱之情。研学旅行的根本目的是立德树人、培养人才,研学指导师承担着立德树人、培养人才的光荣职责,所以研学指导师既有老师、导游的身份,还有家长、朋友的身份,这种多重身份和研学旅行根本目的决定了研学服务礼仪的复杂性和细致性,可以说研学处处无小事,生活处处是研学。

研学指导师应做到服务平等耐心、树立学习榜样、塑造良好形象,以便对接《研学旅行服务规范》(LB/T 054—2016)和行业新需求,拉近与学生之间的距离,从有形和无形两个方面服务学生、影响学生,真正推动素质教育的全面实施。

一、行前服务礼仪

在研学旅行活动开始之前,旅行社研学旅行指导师将前往研学学校召开研学旅行行前课。研学旅行行前课的顺利召开是研学活动开启的信号,是活动顺利开展的前提,也是第一次与同学的正式见面,是研学的第一课。因此,研学旅行行前服务礼仪十分重要。研学旅行行前课一般选择在学校礼堂、多媒体教室进行,体现的更多是教师的身份。

1. 着装端庄

研学指导师研学旅行行前课着装要得体、端庄、大方、洁净、整齐,以正装为宜,旅行社统一的马甲类工作服或户外休闲装不适合此种场合,也不建议穿着比较奢侈的名牌服装。女士应化淡妆,不建议戴夸张的饰品或者佩戴多种与工作无关的装饰品。

2. 仪态得体

得体的仪态可以潜移默化地影响学生。研学指导师演讲时应先找好演讲位置,身体端正、挺胸收腹,结合演讲内容适当走动,配合指引手势,不要出现双手抱在胸前或叉在腰间、身体随意晃动和其他习惯性小动作。

在讲解时要保持良好的精神状态,以情绪感染学生,忌一直盯着屏幕朗读;运用眼神与学生交流时,要注意应以环视或虚视的目光,有意识地顾及在场的每一位学生,面带微笑地向学生传达此次旅程的美好与收获。

3. 语言准确

语言是研学指导师与学生之间进行思想交流、传播文化知识、引导研学实践的重要工具。行前课程要注重语言清晰准确、表达连贯,句意集中、语速适中、语调亲切,要灵活把握语言的节奏感。研学指导师可以在关键节点设置互动环节,增加学生的参与感与获得感,提前把学生带入旅行行程中。

4. 内容全面

(1)课程之初做好自我介绍,介绍自己和公司等相关信息,让学生记住自己、接纳自己,快速聚焦学生的注意力,树立研学指导师是大班长的印象,以便后续更好地服务。

(2)做好课程介绍,包含对研学主题、课程目标、课程安排等方面的介绍,以开放性课题激发学生的好奇心和学习自主性,让学生们带着问题去旅行,保证学习效果。

(3)做好安全教育和文明引导,仔细说明在研学旅行过程中可能出现的安全隐患,引导学生文明出行。

(4)答疑解惑,收集学生、家长提出的问题,进行针对性的解答。

二、行中服务礼仪

行中服务是研学服务的核心环节和关键所在,研学指导师的站姿、态度,包括一些动作举止,都会影响到学生的成长,做好行中服务礼仪至关重要。

1. 着装适合

研学旅行中可以着统一的工作装,也可以根据研学旅行实际需要着对应服饰,如在历史文化景区可以着对应朝代汉服等。研学指导师切忌穿款式过露、材质过透、穿上后显得过紧的服装,夏天男士忌穿背心、短裤、颜色较多的衣服,女士忌穿吊带衫、短裙和拖鞋等。不应佩戴墨镜或变色镜,以免影响与学生的有效沟通。

2. 仪态适度

按照教育部的要求,研学旅行是整年级或整班集体旅行,出行队伍比较大,会引起很多人的关注。如果研学指导师站位不对或者手势不对,会产生消极效果,可能会对整个研学市场产生负面的影响,比如有时候研学指导师拿旗子时习惯于旗杆朝下,如果被别人从远处抓拍照片放到网上,其他人看到后可能会误解是研学指导师用旗子敲打学生。

在研学活动过程中,研学指导师的肢体动作应该恰当、适度。

(1)研学指导师开展研学活动时应落落大方,拿旗子时旗杆朝上。

(2)研学指导师通过阅读服务对象,关注到不同性格的学生,通过活动演示或者讲解时的指引手势,吸引学生的注意力,帮助学生理解和感受研学内容,比如可以使用手势"一挥二砍三握拳四伸手指五胸前,一个大西瓜啪地砸开花,一半送给你,一半送给他"来吸引学生的注意力。使用手势时,忌用单指来指人,可以手指并拢后用手掌指示。

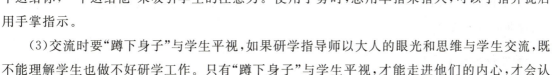
阅读服务对象

(3)交流时要"蹲下身子"与学生平视,如果研学指导师以大人的眼光和思维与学生交流,既不能理解学生也做不好研学工作。只有"蹲下身子"与学生平视,才能走进他们的内心,才会认识到他们的个性,才会了解到他们的需求。

(4)研学指导师的行为会影响到每个学生,应挺起胸膛昂身正示范。在任何时候,任何细小的环节或者是行为都要遵守规则、注意文明礼仪,做到敬畏规则、敬畏职责。

3. 语言适用

研学活动的服务对象是中小学生,语言应适用于服务对象。针对服务对象的特点,研学指导师应注重口头语的表达,语言要生动形象,富有吸引力,同时要深入浅出,易懂易解。还应主动了解学生群体的话语体系,根据年级的不同调整讲解语言,以便更好地提供研学服务。在活动过程中,时刻做好安全注意事项的提醒工作。

研学服务
安全提醒

研学指导师与学生之间相比导游和游客之间会有更多的互动,这就需要研学指导师把控整个活动流程和语言环境,根据现场情况调整音量,巧妙运用语言艺术,以启发式的语言主动引导话题,引导学生思考和互动。在研学服务中多发现学生的优点,使用褒奖、赞扬、鼓励式的语言指出其优点,通过这种方式培养学生的自信心,增强关系的融洽度,提升研学活动的效果和质量。

研学指导师扮演着教师的角色,切记不可使用不雅、粗俗的口头禅和不礼貌用语,不得发表错误观点和不良信息,不得出现损害国家利益、社会公共利益或违背社会公序良俗的语言。

三、行后服务礼仪

1. 学习成果展示

学生的学习成果包含研学日记、学生手册、摄影作品、手工工艺品、文艺演出等,行后服务中帮助学生对研学旅行中的成果进行展示,引导学生以作品展示、文艺展示等方式将研学成果带回学校和家庭。

2. 客观评价总结

采取不同的总结方式,通过不同主题的关联和知识重复,以及一些知识延展,带领学生做总结,对当天研学内容进行查漏补缺,加深学生学习印象。通过评价提升研学旅行效果和学生的学习效果,发现问题、整理问题、正视问题、及时处理问题、弥补不足。研学指导师在活动后应正确、客观、全面地给出评价、接受评价,分析评价结果,积极改正提升。

3. 整理资料存档

研学指导师整理各项支出的发票和费用结算单,填写费用清单,提交费用清单和旗帜、工作服、对讲机等物品。

传统礼仪小贴士:

"读万卷书,行万里路,胸中脱去尘浊,自然丘壑内营,立成鄄鄂。"

——《画禅室随笔》

"是故学然后知不足,教然后知困。知不足,然后能自反也;知困,然后能自强也。"

——《礼记·学记》

情境六　旅行社服务礼仪

任务准备

任务准备清单如表6-7所示。

表6-7　研学服务礼仪训练任务准备表

项目	内　容
主要工具	旗帜、行李(背包)、座位
注意事项	课前查看研学服务相关在线教学资源,搜集研学服务礼仪案例,加强对研学服务礼仪重要性的认知

任务实施

集合登车情境模拟练习

情境练习中杨帆扮演研学指导师,其他同学扮演教师和学生等角色,模拟研学指导师集合学生登车工作流程,并根据研学指导师服务礼仪要求完成表6-8中的礼仪要点描述。

表6-8　集合登车服务礼仪要点练习

服务情境	服务礼仪
组队集合候车	
协助行李摆放	
组织登车	
引导学生入座	
再次确认清点人数	
讲解乘车注意事项	
安全检查	
整体确认发车	

任务评价

(1)做评价:假设你是"杨帆",按照研学服务礼仪要求,对照表6-9打分。

(2)找问题:分析一下被扣分的原因,应该如何补救?

表 6-9 研学服务礼仪任务评价表

项目	分值	要点	自评	互评	师评
组队集合候车	20	①有序排队,"由后到前"; ②安全候车,时刻监控			
协助摆放行李	5	①提醒司机; ②确认行李			
组织登车	20	①合理站位; ②组织有序登车; ③安全监控			
引导学生入座	5	①引导文明入座; ②检查是否按座位号入座			
再次确认清点人数	5	①清点人数; ②处理问题			
讲解乘车注意事项	20	①讲解内容全面; ②用语规范			
安全检查	20	①正确示范; ②检查到位			
整体确认发车	5	①通报及时; ②用语规范			
自我认知(自己或者本组成员在提供集合登车研学服务时遇到了哪些疑难)					
收获与改进(查阅资料、与同学探讨、询问老师后解决疑难)					

能力拓展

(1)研学指导师在现场点评学生表现时,应注意哪些礼仪要点?

(2)开展"校园讲解员"研学活动。

情境七 住宿业服务礼仪

【情境导入】

经过三年的系统学习,同学们都已经具备了较扎实的旅游景区、酒店、旅行社等旅游企业对客服务接待及其他业务能力。李仪老师告诉同学们,学习永无止境,每个人都需要树立终身学习的理念,培养自身勇于探索、敢于接受新挑战的不断求索的精神。

吕亮同学在上学的时候就十分喜欢探索新事物,热衷于观察和思考。临到毕业求职季,他通过对就业市场的调查分析和研究,注意到了民宿管家这个新职业,于是他认真搜寻相关就业信息,并投递简历,成为当地一家新开民宿的新手管家。

杨帆同学在上学的时候,就在校园餐厅兼职过一段时间,对餐饮服务类的工作积累了不少经验,因而毕业时,杨帆同学应聘到当地一家中餐厅,继续从事自己喜爱的工作。

马丽同学性格开朗、善于交际,喜欢对客服务类的工作,毕业的时候她向当地一家星级酒店投递简历,成为这家酒店的一名专职客户服务与管理人员。

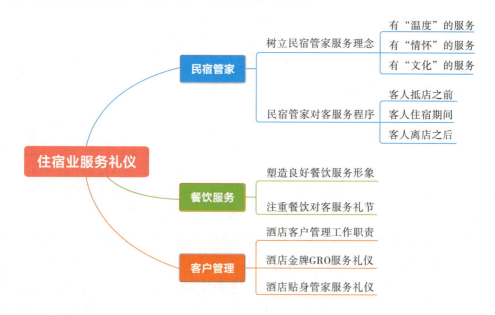

项目 1　民宿管家

情境导入

吕亮同学成为一名民宿管家后,工作业务日渐繁忙起来,手机微信响个不停,每天都有新的朋友加他的微信,询问关于民宿服务、预订等事宜。吕亮忙得不亦乐乎。

这天,吕亮在加了一名游客的微信后,就和客人聊起天来。吕亮向客人介绍了民宿的地理位置、环境特点、特色美食、主题活动等,客人很感兴趣。原来,这名客人平常做生意特别繁忙,每天飞来飞去,特别想给自己放几天假,找个安静的地方带家人待上几天。客人经过和吕亮的沟通,很快就预订了民宿的房间,计划在民宿待上一周时间,彻底地放松一下。

于是,吕亮根据客人的特点和要求,为客人安排了详细的游玩计划,包括爬山、摘果、露天观影、乡村美食烹饪等有趣的活动,使客人在得到充分休息的同时,还能参与到一些独具特色的体验活动当中,使客人收获一段难忘的度假之旅。

思考:

(1)民宿作为一种与星级酒店不同的住宿业态,你认为客人选择民宿,希望获取哪些与在星级酒店不同的服务体验?

(2)你认为民宿管家日常的主要工作内容包括哪些?

学习任务

(1)民宿管家服务理念的树立;

(2)民宿管家对客服务内容与服务程序。

学习目标

知识目标:根据"1+X"《民宿管家职业技能等级评定规范》,掌握民宿管家的服务流程与对客服务礼仪要点。

能力目标:能够根据民宿管家职业技能等级标准要求,以民宿旅客服务需求为依据,为客人提供个性化民宿服务。

素质目标:在深刻理解民宿管家为客人提供"有温度"的服务哲学和服务精神的基础上,培养自身以匠心雕琢事业的职业素养,树立民宿管家在美丽乡村建设事业中实现自我人生价值的职业自豪感。

情境七　住宿业服务礼仪

⭐ 相关知识

一、树立服务理念

2022年6月,中华人民共和国人力资源和社会保障部发布了包括"民宿管家"等在内的18个新职业信息。其中提出"民宿管家"的定义为提供客户住宿、餐饮以及当地自然环境、文化与生活方式体验等定制化服务的人员。

民宿是非标住宿产品,不同于星级酒店,民宿应为客人提供不同于酒店住宿体验的更加具有个性化的服务。基于客人需求,为客人提供难忘、舒适的度假体验。民宿管家作为直接面客的服务人员,需要在做好基本对客服务的基础之上,为客人提供更加别致、细心、温暖的服务,树立更加用心的服务理念,对待客人像对待自己的家人、朋友一样,使客人充分感受到当地的风情民俗和文化内涵,从而收获一段饱满充实、丰富独特、有收获、有感动的旅行和生活经历。

新职业面面观：民宿管家

1.有"温度"的服务

民宿管家为客人提供的有诚心、有"温度"的服务,需要体现在客人入住前、入住期间、退房后的全流程当中。例如,在客人入住民宿之前,为客人发送贴心的入住信息,包括天气信息、穿衣建议、入住温馨提示等。根据当地的具体情况和客人的基本情况,为客人提前准备好旅途当中可能所需的用品,如防蚊液、小药箱、皮筋等。

在客人入住民宿期间,细心观察客人的生活习惯,了解客人的生活和饮食禁忌,为客人做好贴心的服务。针对不同客群提供不同的"温度"服务,如为年轻爱美的女性客人提供拍照、修图服务,为老年客人提供旅居护理服务,为客人泡茶或陪客人聊天等。

在客人即将退房离开民宿时,根据客人的行程安排,主动为客人延迟退房,预订下一行程交通票、景区门票等;为客人赠送临别伴手礼;为客人提供照片的冲印寄送、特产的收发快递服务等。

由此可见,民宿管家的"温度"服务没有统一的公式,每一位民宿管家为客人提供的"温度"服务都是各有特色的,管家需要充分研究自家民宿的核心特征、充分洞察客人的潜在需求,将真诚和温情带给每一位遇见的旅客,在客人离开时将温情延续、将温暖驻留。

> **传统礼仪小贴士：**
> "诚者自成也,而道自道也。诚者,物之终始,不诚无物。是故君子诚之为贵。诚者,非自成己而已也,所以成物也。"
> ——《礼记·中庸》

2. 有"情怀"的服务

民宿向客人传递的是一种生活方式、一种生活理念,传达的是人们对乡间野趣的追寻、对自然和天地万物的拥抱。好的民宿本身就是一个故事,客人的旅途也是一个听故事、讲故事的过程。因此,管家需要依托民宿自身的自然和人文环境,向住客提供有"情怀"的服务。

例如,在成都郊区有一家名为"肯派静姐家"的民宿,这是一个有故事、有情怀的民宿,很多住客都会为了听一听民宿宿主静姐和龙哥的爱情故事,而不远千里来到这里,静姐和龙哥无论再忙,每天都会抽空陪客人们喝茶聊天。而且民宿房间内每一样艺术品、古董家具、手工摆件等,都是他们从世界各地精心挑选或亲手制作而成的。"肯派静姐家"向客人们传递的就是这样一种温和淡然、岁月静好的民宿情怀。

3. 有"文化"的服务

一个真正有文化内涵的民宿是一个有血有肉、有灵魂的民宿。民宿通过其选址、设计、经营理念、服务、营销等各个方面展现出其深厚的文化内涵。民宿需要"去泛在化",需要把挖掘与展现本地生活特征与文化底蕴作为持久精进的功课,而民宿管家需要做的就是将民宿的文化精神传递给住客,使客人能够充分领略民宿蕴含的精神特质和文化灵魂,以文化触角触动宾客的每一根神经。

例如,国内知名的民宿"松赞"就是一个以传播藏族文化为灵魂的经典民宿品牌。在创始人白玛多吉的带领下,松赞致力于保护与传播当地文化的精髓,保护所在区域的生态环境,是民宿体现在地化的经典案例。

一家民宿可以挖掘的文化元素类型多种多样,例如民族民俗文化、非物质文化遗产文化、中国传统建筑文化、中国传统节庆节气文化、茶文化、插花文化等。依托"民宿+"的形式,管家可通过设计各类参与性强的主题活动,向住客传递民宿的文化价值。

民宿特色文化主题活动设计举例如表7-1所示。

表7-1 民宿特色文化主题活动设计举例

活动名称	活动内容	文化元素挖掘与展现
体味匠心·爱上柳编	亲手制作一个柳编工艺品,并带回家	柳编非遗文化
做一回土菜烹饪大师	老师手把手讲授当地土菜的制作方法	当地特色饮食文化
乡间垂钓·妙趣横生	体验绿水青山旁的垂钓乐趣	休闲文化、乡野文化、垂钓文化
妙手生花·美丽相约	创意插花DIY	中国插花艺术文化
一杯清茶无别事 我在等风也等你	中国茶冲泡与品鉴	中国茶文化

二、对客服务程序

1. 客人抵店之前

民宿管家作为客人的全程全方位生活助手、旅游助手、游玩助手,需要在客人抵店前,做好一系列准备工作,在与客人充分沟通的基础上,掌握客人住宿要求,挖掘客人潜在需求,从而为客人提供周到、细致、满意加惊喜的定制化、个性化服务。客人抵店之前的民宿管家服务内容与服务程序包括:

(1)民宿信息线上发布与维护。

民宿管家在日常的工作中,需要充分利用线上平台,例如微信、微博、短视频平台、直播平台、论坛等互联网渠道,发布民宿的信息,使信息以最迅捷的方式触达潜在客户群体,使大众通过线上渠道全方位了解民宿的地理位置、经营内容、服务特色、服务方式、价格信息、促销政策等系列内容。

民宿信息主要可概括为基本信息、房间信息、餐饮活动信息、图片信息和其他信息等。基本信息主要包括民宿名称、地址、联系电话、经营服务状态等;房间信息包括房间类型、房间面积、房间基本设施设备配置、入住人数、房间特色等;餐饮活动信息包括民宿的餐食供应、特色活动安排等;图片信息包括民宿首图、外观图、公共区域和设施图、房间图、餐厅美食图、特色活动图、周边环境图等;其他信息如民宿的开业时间、装修时间、服务设施信息、评分等。

在平台上传的民宿照片应符合以下要求:具有高清晰度,完整展现民宿基本设施设备配置,突出民宿特色和功能,也可拍摄民宿夜景图,以展现民宿特色。拍摄时要注意基本的角度、光线、构图等摄影要素的运用,尤其是民宿首图的拍摄,必须突出民宿的特色,可以横屏方式拍摄民宿全景,展现民宿最吸引人、最独一无二的景观特色。因此,拍照摄影技巧是民宿管家在日常的工作中需要学习的一项基本技能。

很多民宿管家会充分利用微信朋友圈作为民宿内容的输出窗口,开展民宿的宣传与客户维护工作。通过朋友圈不仅推荐民宿房间,也推荐民宿的美食、特产、活动等,精心设计文案与图片,全方位输出民宿核心内容。民宿不同于星级酒店,民宿更加需要凸显自身的在地化特色、分享乡村旅居生活情怀。因而管家在个人朋友圈分享的不仅是民宿的经营信息,还可以分享一些生活感悟、温暖故事、个人爱好等,使客人能够通过朋友圈了解民宿管家的性格特点、爱好情趣等,这样不仅向客人传递民宿的独有特色,也传递了管家温暖、友善、热爱生活的情怀。

此外,民宿管家在添加客户微信后,需要备注好每一位客人的姓名、来源城市和入住时间,关注与每一位客人的互动。在节假日、周末、客人生日等重要时刻,给客人发送祝福信息,不定时向客人发送民宿特色活动、促销信息等内容,做好客户维护工作。

(2)与客人抵店前的沟通。

客人抵达民宿之前,民宿管家应与客人保持沟通,掌握客人的旅行需求和特殊要求,例如管家可根据客人出游的人数、年龄、性别、游玩目的等信息为客人制定专属旅行计划,为客人安排房间和特色活动等。如行程涉及需要提前预订门票的情况,管家需为客人提前订票。

在客人准备出发时,管家需根据客人情况和特征,提醒客人准备不同的行李。适时为客人发送民宿所在城市天气、交通等信息,提醒客人及时添减衣物。在客人出发之前,为客人发送一份从客人所在城市到民宿所在地的旅游地图和交通路线图,为客人指引详细的交通方式和路线,为客人发送定制的个性化旅行计划,使客人收获一份独一无二的旅行经历。

民宿管家需要视民宿经营实际情况,与客人联络是否需要接机或接站服务。若客人需要,民宿管家要根据客人的交通方式和抵达时间,提前到机场或车站接客人,与客人的沟通全程需要微笑服务、贴心周到,关注服务细节。

(3)客人抵店前服务准备工作。

在客人抵达民宿之前,管家已经与客人通过微信等形式取得了联系,了解到客人的旅行需求。因此,管家需要根据客人需求,在客人抵店前做好服务的准备工作。管家需要从细微处着手,为客人创造超预期的旅行体验。例如,在天气较为寒冷的季节,客人旅途奔波到达民宿,管家立即为客人奉送上一壶暖

民宿管家服务礼仪

茶;在炎炎夏季,管家已经提前为客人打开房间空调,为儿童客人准备玩具,为女性客人准备护理包等,这些细节都体现了管家的温度服务,为客人传递了民宿如家般温暖、如友般亲切的服务体验。

客人抵店前两小时,再次检查房间准备状况,包括房间卫生、细节布置、温度条件、赠品摆放等细节。检查核对客人是否有预订餐食服务等,确保房间状态和民宿服务符合客人的预期需求。

需要接机(接站)的客人,管家还需提前抵达机场(车站)。接到客人后,管家需向客人简要介绍自己,快速引领客人上车,在途中向客人介绍民宿的基本概况等。

2.客人住宿期间

客人住宿期间,管家会全面负责客人的食、宿、游、娱、购等一系列需求和活动,认真洞察客人的潜在需求,为客人提供温馨适度的服务。

(1)客人入住当天的服务准备。

在客人入住当天,管家应再次检查客人房间,做好房间的欢迎礼布置,检查卫生、设施设备等细节。

民宿欢迎礼的布置体现了管家的温情服务,管家可以根据之前与客人的沟通,为客人精心准备独特的、有纪念意义的欢迎礼,例如当地土特产品、旅游纪念品、水果、坚果、蛋糕、印制有民宿logo的书签、行李牌、钥匙扣等不同类型的礼品。此外,还可以附上一封手写的欢迎信,以尊称称呼客人,显示出对客人的尊重。

若客人自行前往民宿,管家应及时与客人取得联系,了解客人抵达的具体时间,提前15分

钟到达停车场或民宿入口处迎接客人。

(2)客人到达民宿的管家服务。

当客人到达时,热情欢迎宾客,礼貌地为客人指引停车位置,帮助客人提拿大件行李。小件行李如相机包或者客人的随身小包属于客人的隐私物品(图7-1),一般由客人随身携带。

图7-1　客人隐私物品示例

管家礼貌引领客人至民宿前台办理入住登记。在引领的过程中管家可向客人介绍民宿的基本情况、特色功能、服务项目等,同时提醒客人注意安全。例如有的民宿所在园区面积较大,需要徒步几分钟才能到达前台,如果遇到下雨天气,台阶或地面会非常湿滑,因此管家需及时提醒客人注意安全,协助客人安全抵达民宿大厅。

在办理入住登记的时候,可请客人在大厅稍事休息,根据季节和天气状况为客人送上茶水或冰水,并为客人用托盘附上一块干净的毛巾净手。

管家收集客人的身份证件,帮助客人办理入住手续,为客人指引签字位置。为客人递送笔、证件、单据时注意双手递接,正面朝向客人,如图7-2所示。

图7-2　管家递物礼仪

管家可视情况建立客户沟通微信群,邀请客人进群。管家可在群内及时向客人发布民宿的相关服务信息、特色活动、游玩安排、注意事项等。

在客人办理完入住登记手续后,管家需礼貌地引领客人到房间。引领过程中,帮助客人提拿行李。同时与客人做简单的沟通交流,例如沿途经过餐厅、咖啡室、活动室、游玩设施等都可向客人做简要介绍(图 7-3)。

图 7-3　管家礼貌引领客人

到达房间门口后,按照标准敲门程序敲门(图 7-4),然后打开房门,开灯,帮助客人妥善放置行李,为客人简单介绍房间设施设备,并告知客人如果还有其他需要可以随时与管家联系。

图 7-4　管家按照标准敲门程序敲门

(3)客人入住期间的管家服务。

在客人入住民宿期间,管家要保持与客人的密切沟通,做好客人的食宿、游玩、购物、娱乐等需求服务,及时洞察客人的潜在需求,为客人提供个性化的、满意加惊喜的服务。客人入住期间,也是展现管家服务水平与服务能力的绝佳时刻,因此管家要树立以客户为中心的服务理念,站在客人的角度,认真研究和思索客人的期望和需求,从每一个细节出发,为客人提供24小时、一对一、全方位的管家服务,展现民宿的服务质量和服务水平。

每家民宿可根据自身的经营特点和经营项目展现不同的服务项目和服务特色,但管家全心全意为客人服务的宗旨是一致的。客人入住期间的管家服务可参考表7-2。

表7-2 客人入住期间民宿管家服务内容例举

管家角色	服务内容例举	职业素养	客户体验
游玩伴旅	陪伴客人完成各类旅游活动如徒步、爬山、摘果、垂钓、漂流等,提醒客人旅途安全注意事项	良好的身体素质,耐心、细心、热情、认真负责的职业态度与职业精神	没想到管家还能陪我们一起玩,太好了,我这个不认路的这下能好好玩了
活地图	为客人提供特色游玩路线建议、制定游玩规划,为客人推荐当地好吃的、好玩的、宝藏旅行地	极强的实践与观察能力,积极投身社会调查、社会实践活动,将知识素养培育与实践能力培养融为一体,不断丰富自身知识储备和实践经验、树立终身学习理念	真是来对地方了,有什么不知道的,问问管家,省时省力,还能玩得与众不同
讲故事的人	与客人分享当地民俗风情、人文故事,管家和住客谈天说地、交流分享各自的人生故事	丰富的阅历、乐观积极的心态,坚韧不拔、真诚友善的性格	没想到在旅途中还能这么轻松惬意地聊天
生活秘书	尽最大可能为客人安排旅途生活中的一切合法所需,使客人彻底放松自我,零负担、零压力、零担忧,全身心投入旅程	精益求精、以客户为中心的职业精神,重视细节、尽善尽美的工作作风	有管家在,我放心了
旅途密友	成为客人的旅途密友,分享故事、传递经验、积聚情感、创造回忆	具备极强的同理心,树立真诚、友善、诚信的价值观	本以为是一场普通的旅行,却带给了我值得纪念的、终生难忘的美好回忆

续表

管家角色	服务内容例举	职业素养	客户体验
美食顾问	为住客分享本地食材烹制技法、特色美食、地道小吃，带客人品尝小众美食店，为客人讲美食故事	热爱生活，积极乐观，不断学习，善于钻研	这儿原来有这么多好吃的，之前在网上我怎么都查不到呢
真人图书馆	熟知当地风物人情，是客人可随查随用的活字典、真人图书馆，为客人传递知识经验，发挥文化传播的作用	丰厚的知识积累，知晓地理、历史、自然、科普等知识，具备终身学习的理念	真是不虚此行啊，长知识了
活动策划者	为客人策划实施旅途当中的特殊活动、集体活动，如求婚仪式、团建活动、产品发布会、签售仪式等	具备良好的创新意识和创新能力，具有良好的团队协作精神、组织策划能力	本来以为只有星级酒店才能搞这些，没想到这个民宿管家这么专业
孩子王	和孩子一起做游戏、讲故事，教孩子做甜品、绘画、做手工等	树立"耐心、爱心、热心、真心、善心"的五心服务理念	孩子玩得这么开心，幸好有管家

3. 客人离店之后

客人结束旅程时，帮助客人整理行李物品、快捷退房、快速办理结账手续。同时，管家可为客人赠送特色的临别伴手礼，做好为客人联系车辆、联系下一站目的地票务等事宜。有时也会视情况安排送机、送站等服务。若客人不需要送机、送站，也需送别客人直至上车，协助客人提拿行李。微笑目送客人离开，当客人的车辆消失在视野中时，管家方能离开。

管家与客人的联系与沟通是无止境的，即使一段旅程结束，管家也需不时问候客人，尤其在一些特殊的节假日、客人生日等时，管家可为客人寄送富有心意的礼物，使温情服务得以延续，使客人在异地他乡还能感受到管家的有温度的服务。

任务分析

民宿管家细心、周到、体贴、有温度的服务会为客人带来不同于星级酒店的温暖的体验。管家还需要充分挖掘民宿及其所在地的自然、地理和文化特征，向客人传递出民宿的生活、美学和文化价值，使客人收获一段有灵魂的难忘旅程。

任务准备

任务准备清单如表7-3所示。

情境七　住宿业服务礼仪

表7-3　民宿管家服务礼仪训练任务准备表

项　目	内　容
工具准备	联网的电脑、相机或具有照相功能的手机、打印机、修图软件
环境准备	周边或当地民宿

任务实施

一、民宿管家对客服务模拟练习

请你根据设定的民宿管家对客服务接待情境，分别填写不同接待情境下管家的服务内容，此服务内容体现出哪些管家的礼仪素养和职业精神，请举例说明，填写在表7-4中。

表7-4　民宿管家对客服礼仪模拟练习表

接待情境	服务内容	礼仪素养和职业精神
例：客人抵达民宿前	（例）在客人出发前为客人温馨提示旅途注意事项	（例）以客人为中心的职业精神，细心、贴心、暖心的服务理念
客人入住期间		
客人即将离开民宿时		
客人退房后		

二、民宿摄影与文案撰写练习

请你实地考察一家民宿,并拍摄民宿照片(场景可选择民宿外观、房间陈设、餐厅布置、餐饮美食、公共区域、周边环境等)。选择一张你最满意的照片,经过简单修图后打印出来并贴帖到下面空白处,根据照片撰写一段对外宣传描述性话语,填写在横线处。

民宿拍摄照片

宣传文案:

_____
_____
_____
_____
_____
_____
_____

任务评价

请根据以下评价标准对每位同学完成以上任务的工作效果开展自评、互评和教师评价,并将评价结果填写在表7-5中。

表7-5 民宿管家对客服务礼仪任务评分表

项目		分值	要点	自评	互评	师评
民宿管家对客服务练习	客人抵达民宿前	50分	①服务内容全面、细致、周到(20分); ②服务凸显个性化、特色化(20分); ③服务适度(10分)			
	客人入住期间					
	客人即将离开民宿时					
	客人退房后					
民宿摄影与文案撰写练习	民宿摄影	50分	①主题突出(5分); ②对焦清晰、曝光正确(5分); ③构图合理(5分); ④光线运用合理(5分); ⑤色彩控制恰当(5分)			
	文案撰写		①文案描写逻辑清晰、内容准确完整(5分); ②文案用语生动、文字优美(8分); ③文案富有创新性(12分)			

能力拓展

(1)请搜索并查阅国内某家知名民宿,分析总结此民宿提供的主要服务项目和特色服务内容,撰写一份分析总结报告。

(2)请根据以下四种不同的接待情境,描述管家的服务内容与服务流程。

①如果一个需要拍摄微电影的导演,正在寻找一个像你的民宿一样的室内拍摄场地,你会怎么做?

②一个想要跟女朋友求婚的男生,因女朋友喜欢住民宿,决定在旅途中向她求婚,如果你是管家,你会怎么做?

③一个企业的人力资源主管正在给部门寻找一个团建的地方,看中了你们民宿,除了住宿,还有游玩、餐饮、会议的内容,你会怎么做?

④如果一个活动的组织者想在周末找一些公共空间做一个生活美学类的活动,觉得你们民宿挺合适的,你会怎么做?

项目 2　餐饮服务

情境导入

这天,杨帆正在酒店中餐厅上班,领班走过来,对杨帆说:"小杨啊,你来我们餐厅一段时间了,听大家说,你适应得很不错,今天我就来考考你,来,小马、小赵,你们和我一起扮演一下客人,看下杨帆的对客服务怎么样。一会杨帆考核结束后,小马、小赵就到你们了。"原来,这是领班对大家的阶段考核时间到了。大家都有点紧张,但立即进入到各自的准备工作当中。

当领班和另两位客人走进餐厅坐下来后,餐厅服务人员杨帆马上上前为他们倒茶水,杨帆给每一位客人都把茶水倒得满满的,以体现餐厅服务人员的热情。之后又根据几位客人所点菜品为他们上菜,等几位客人用完餐,杨帆微笑地目送几位客人离开。

考核结束后,领班让扮演客人的几位员工谈谈自己的感受和杨帆的服务表现,小马说,杨帆为他们倒的茶水太满啦,她都端不起来。小赵说,他们点完菜后,杨帆并没有再仔细询问一下他们是否有忌口,感觉做得还不够细致全面。但杨帆在服务的过程中自始至终一直在微笑,让他们心里也还是暖暖的。

思考:

(1)如果你是杨帆,根据大家的点评,会如何改进你的对客服务?

(2)除了以上大家提到的情形,你还能想象到哪些餐厅对客服务过程中客人可能很在意的服务细节?

学习任务

(1)塑造优秀餐饮服务人员形象;

(2)掌握优秀餐饮服务人员良好的对客服务礼节。

学习目标

知识目标:结合酒店服务技能大赛中服务关键点、"1+X"餐饮服务管理职业技能等级证书中的礼仪要求,说出酒店餐饮对客服务礼仪的要点和基本规范。

能力目标:能够兼顾酒店服务技能大赛服务标准、"1+X"餐饮服务管理职业技能等级证书中的礼仪要求,在餐饮服务过程中礼仪和细节规范到位,为宾客提供满意、欣喜的餐饮服务。

素质目标:树立用心服务、全面周到细致的酒店餐饮行业对客服务意识,从细节出发提升餐饮服务质量。

相关知识

一、塑造良好餐饮服务形象

酒店餐饮部门服务人员在对客服务过程中,首先应该注意的是塑造自身良好的服务形象。因为餐饮业对清洁、卫生、整洁的要求十分高,干净明亮的餐厅环境、容光焕发的服务人员形象、干净卫生富有艺术造型的菜品等,都会为客人留下美好的用餐体验。

对于餐饮服务人员来说,要十分注意自身的个人卫生如指甲、头发,还有服装、妆容等细节,在上岗前对自身的仪容仪表进行全方位自检,保证以良好的形象出现在客人面前。

1. 检查个人卫生

餐饮服务人员在上岗前要注意检查自己的指甲、头发等细节,注意个人卫生。对指甲的要求是不能留长指甲,随时修剪指甲,不能涂有色的指甲油,保证指甲的干净整洁。对头发的要求是女性服务人员要把头发盘起来,男性服务人员也应注意定期修剪头发,保证头发前不掩眉、侧不盖耳、后不及领。所有服务人员都应保持1—2天定期清洗头发,保证头发干净、整洁、无头皮屑等。

2. 检查工装细节

酒店会为每一位餐饮服务人员配发统一的工装,在上岗前要注意检查自身工装的干净整洁度,保证没有纽扣掉落、袖口或领口有污迹等。如果发现工装有污迹或者有破损的情况,要立即去酒店制服房更换干净整洁的工装。

工装还包括鞋袜、铭牌、饰品等,要随时保持鞋袜的干净整洁度。铭牌要保证在制服的左胸口处或者酒店统一规定的位置处,不能有歪斜、掉落的情况。餐饮服务人员最好不要佩戴任何饰品,只能佩戴造型简洁的手表或者结婚戒指等,而且饰品要保证不能外露。

3. 注意妆容细节

酒店都会规定服务人员在上岗前化淡妆。一家十分注重服务细节的酒店甚至会规定所有女性服务人员口红的统一色号、眼影的颜色等,因此餐饮服务人员在上岗前要注意检查自己妆容的细节是否符合酒店的要求。此外,由于要保证客人全方位地体验到菜肴的色、香、味等细节,餐饮服务人员不能涂香水。

二、注重餐饮对客服务礼节

在为客人提供餐饮服务的时候,餐饮服务人员的服务礼仪重点体现在两个方面,一方面是与客人沟通时的语言礼仪,另一方面是在展现个人餐饮服务技能如摆台、点菜、上菜等方面时体现的操作礼仪。

餐厅服务礼仪

1. 语言礼仪

在服务人员为客人提供餐饮服务的时候,会与客人产生语言沟通,在这个时候,服务人员尤其应该注意语言礼仪,为客人留下良好的印象,从而使客人能够心情舒畅、愉悦地用餐。

(1)问候语。

当客人来到餐厅,服务人员首先要做的就是问候客人。专注的目光、甜美的笑容,伴随着一句亲切、真情的问候,会让客人在步入餐厅的那一刹那,倍感温暖。服务人员使用问候语的礼仪要求可以概括为"时效性＋情境化"。所谓的"时效性"即指问候客人的时候可以根据不同的时间段致以问候,如在早上、中午、晚间的时候可以分别问候客人:"早上好、中午好、晚上好,欢迎光临××餐厅"。所谓的"情境化"即指问候客人的时候可以分别根据不同的情境致以个性化的问候语言,如在节日期间,可以问候客人:"中秋快乐、新年快乐"等,当得知客人过生日的时候可以问候客人:"祝您生日快乐",如果是接待婚宴客人,则祝福新人:"新婚愉快、白头偕老"等。总之,餐饮服务人员要结合具体的时间和情境向宾客致以个性化的问候语言。此外,如果是接待回头客或者常客等,可加以宾客的姓氏问候客人,如"早上好,周先生,欢迎您再次来到我们餐厅",但是要注意的是,在有的情况下,客人并不想服务人员用姓氏称呼自己,或者不便让别的宾客知道自己的姓氏,那么这个时候,就要求服务人员善于观察,注意保护好客人的隐私。

在问候客人的时候,可以向宾客同时致以三十度鞠躬礼,表达对客人的真诚欢迎。

> **传统礼仪小贴士:**
>
> "善气迎人,亲如弟兄;恶气迎人,害于戈兵。" ——《管子·心术下》

(2)称呼语。

在餐饮服务过程中,最常见的称呼语言就是根据客人的性别对男性宾客使用"先生",对女性宾客使用"女士",同时根据情况以姓氏称呼客人。作为宾客来讲,更喜欢的是具有人情味的服务,因此,服务人员在称呼客人的时候,可以根据对方的年龄、性别、职务、职称等信息使用不同的称呼语言。如对年龄稍大的女性宾客可以称呼"大姐、阿姨",对年老的女性宾客可以称呼"奶奶"等,对年龄稍大的男性宾客可以称呼"大伯、叔叔",对年老的男性宾客可以称呼"爷爷"等,对比自己年龄小的宾客可以称呼"小妹妹、小朋友"等,如果知道宾客的职务,可以以"姓氏＋职务/职称"的方式称呼客人,如"刘老师、王教授、孙经理、张部长"等,同样需要注意的是,根据情况注意保护好客人的隐私。

(3)致谢语。

当客人为我们提供了帮助或者要表达我们诚挚的谢意时,需要使用致谢语。例如,当客人打电话预订餐位时,为感谢客人,在结束通话时可以说:"非常感谢您的致电,我们期待您的光临",还有当客人为我们提供了帮助,如服务人员在上菜时,宾客帮我们挪动了餐盘等,服务人员就需要使用致谢语表达对客人的感谢:"谢谢您",一句简单的致谢,也体现出服务人员良好的礼仪修养。

(4)致歉语。

在由于服务人员的操作失误为宾客带来不便或者餐厅暂时无法满足宾客的用餐需求等情况下,服务人员需要使用致歉语,表达对宾客的歉意。如"对不起,让您久等了,这边请""这个茶水是刚烧好的,有点烫,我们没有及时提醒您,非常抱歉,我马上为您换一杯""非常抱歉王先生,这道菜餐厅已经售卖完了,您不妨尝尝××这道菜,是我们餐厅新出的一道时令菜,味道也非常不错,还很营养"等。需要注意的是,在使用致歉语的时候,不仅要向客人诚挚地表达歉意,同时还要为客人提供新的解决方案,以弥补服务人员的过失为客人造成的不便。

(5)送别语。

当客人用餐完毕离开餐厅或者酒店的时候,服务人员需要使用送别语,如"再见,欢迎您下次光临"或"请您慢走,欢迎您再来"等,同时向宾客致以30°鞠躬礼或者挥手致意道别。

(6)问询语。

为了提供更加细致、完善和个性化的餐饮服务,我们需要进一步询问宾客更加详细的用餐需求,这就需要使用到问询语。如询问宾客是否有忌口或者是否对菜品有其他特殊要求、询问宾客是否需要更换骨碟、询问宾客几位用餐等,在使用问询语的时候,需要态度自然亲切、面带微笑、富有耐心,必要的时候还可用纸笔记录下来,最后还可再复述一遍,以确认问询得到的信息无误。在问询结束的时候,也可使用致谢语,感谢客人的配合等。

(7)应答语。

客人在用餐的时候,会不时地向服务人员询问一些信息,如菜品的做法、餐厅的营业时间等,此时,服务人员应集中精力,耐心、认真地倾听客人的问题,然后根据实际情况礼貌地回答人的问题,语调和缓自然,态度亲切和蔼,不可为客人带来不耐烦之感。对于自己不知道答案而暂时无法回答客人的情况,应向客人致以歉意,同时表示自己会尽最大的努力为客人解决问题,不可简单地只回答一句:"我不知道"。

还需注意的是,有时候客人可能会询问一些有关服务人员的隐私问题,如果我们不便回答,应婉拒客人。

2. 操作礼仪

(1)餐前服务礼节。

①摆台服务礼仪:餐饮服务人员需要在客人用餐之前,做好餐厅的环境和物品准备等工作,其中有一项重要的工作任务就是摆台。不论是包间、宴会厅还是大厅散座,都需要摆台。餐饮服务人员在摆台操作时需要注意按照餐厅摆台要求和规范开展摆台工作,礼仪要求是操作卫生、安静低音。手指不可触碰到餐具内部,必要时应该戴白色手套操作。在操作过程中还需要注意控制噪音的产生,避免餐

摆台

具相互碰撞产生的杂音。因为在客人用餐期间,服务人员在翻台时也需要开展摆台操作,操作不当就会给客人带来不愉快的用餐体验。此外还需要注意的是,即使已经到餐厅营业结束或下班时间,在最后一位客人离开餐厅之后,也需要立即收台、清理台面,并根据下一餐的餐别提前做好摆台工作。

②迎接客人礼仪:当客人来到餐厅的时候,服务人员应站在门口迎接客人。问候宾客的时候同时询问客人是否有预订、几位客人用餐,之后根据客人的需求引领客人到合适的位置。在引领客人的时候应站在客人左前方1.5米左右的位置,身体稍倾向于客人,与客人不时地交流,如提醒宾客小心台阶、小心路滑等。

迎宾

如果只有一位客人就餐,可以礼貌询问客人:"请问您需要一个人的餐桌吗?"不要贸然直接问客人:"请问就您一位用餐吗?"客人就餐位置的选择需要遵循客人的意愿,安排客人去其想去的座位就餐。根据客人的人数、性别甚至身份等为客人推荐合适的餐位,如将情侣或夫妻客人安排在靠窗或者安静的角落等位置。

客人选定合适的位置后,服务人员需要主动拉椅让座,在客人允许的情况下将客人的衣物放在合适的位置,并呈递擦手巾请客人擦手。在客人安排妥当全部落座后,双手呈递给客人正面打开的菜单,请客人点单,同时为客人倒茶水。

零点服务

③茶水服务礼仪:在为客人斟倒茶水的时候要注意茶水不要倒得过满,倒七八分即可。在为客人倒茶水的时候要站在客人的右后方,并提醒客人"为您倒下茶水",以免不注意茶杯碰到客人。倒好茶水后将茶杯摆放在客人右上方5—10厘米处,有手柄的茶杯则将杯柄转至右侧,便于客人的取放。

④点菜服务礼仪:在点菜前礼貌询问客人是否可以点菜,在征得客人同意后手持点菜本或者点餐机,站在客人的左后侧,认真记录客人所点的菜肴,并询问客人是否有忌口。同时,根据用餐人数合理预计客人所需菜肴的数量,如果客人所点菜肴数量过多,可礼貌提醒客人,避免浪费。服务人员对餐厅每一道菜肴的名称、做法、口味特征等信息都应了如指掌,根据客人的人数、性别、年龄、用餐目的、民族等情况合理为客人推荐和介绍菜肴,并适时推荐餐厅主打菜。客人点菜完毕后,服务人员应再复述一遍客人所点菜肴,避免疏漏。

点菜服务

(2)餐中服务礼节。

①上菜服务礼仪:在上菜服务时,要注意上菜的时机。冷菜和热菜的上菜间隔时间需要根据客人用餐的具体情况、菜肴的烹制情况等具体掌握。在上菜时,一般从左侧上菜、右侧撤菜,上菜时一般讲究"鸡不献头、鸭不献尾、鱼不献

上菜服务

脊",也就是不把鸡头、鸭尾、鱼脊朝向主宾。上一道新菜时,需要将新菜放置在主宾前,并将菜肴的看面,也就是观赏面朝向主宾,以示对主宾的尊重。

在上菜时,还要注意一些细节,例如不要让手指触碰到餐盘内部,注意袖口等不要触碰到菜肴。礼貌提醒宾客小心,以免将汤汁洒到客人身上。上菜后,后退一步面向宾客为大家进行菜品介绍。

一般中餐上菜顺序讲究先凉后热、先炒后烧、先咸后甜,最后是主食和汤。但具体的上菜顺序可以根据宾客的要求而定,一切以满足宾客的需求为主。

②酒水服务礼仪:酒水作为人们宴请宾客或聚餐时必不可少的佐餐佳酿,不仅丰富了用餐风味,也为宴会增添了欢愉、祥和的气氛。服务人员在服务酒水时,首先需要熟悉酒单,掌握餐厅所供应每一种酒水的名称、品种、类型、口感、产地、度数、价格等因素,从而为客人推荐合适的酒水(图7-5)。当客人点好酒水后,服务人员需要向客人示酒,也即首先需要请客人进一步核实酒水的名称、商标、外观等。在示酒时,服务人员应站在客人的右侧,左手托瓶底,右手扶瓶颈,酒标面向客人,请客人确认酒水(图7-6)。当客人确认酒水无误后,根据客人要求,结合酒水的适饮温度,将酒水进行降温或温烫处理。例如柔顺清淡的红葡萄酒最佳适饮温度为10~12 ℃,这时服务人员就需要将葡萄酒进行冰镇等降温处理。

图7-5 服务人员为客人服务酒水

图7-6 服务人员为客人示酒

酒水准备妥当为客人开瓶时,首选需要将酒瓶擦拭干净。要注意开启酒瓶后的锡纸、木塞等需要妥善处理,不可随意丢弃,有时还需要将开启后的软木塞放置在小碟中并递给客人。请客人确认软木塞状态。有的酒水在开启后还需要醒酒以使酒水呈现最佳口感。开启后先向主人杯中斟少许酒,请主人品鉴。主人确认无误后,从主宾开始顺时针为客人斟酒。在斟酒时,服务人员站在客人的右后侧,身体稍向前倾,瓶口与杯沿保持1~2厘米的距离,斟酒时左手准备一块干净的白色布巾,在每倒完一次后可擦拭瓶口,以防止酒液滴落弄脏桌布和客人的衣服,同时需要将酒标面向客人为客人倒酒(图 7-7)。

图 7-7 斟酒时酒标面向客人

③分菜服务礼仪：在为客人提供分菜服务时，需要先向宾客展示并介绍菜肴之后进行分菜操作。服务人员需要站在客人的左侧，左手托盘，右手持勺或者叉，分好菜后将菜派给客人。也可在为客人展示并介绍完菜品后，在分菜台进行分菜操作，然后用托盘将分好的菜端托到客人面前，站在客人的左侧，右手为客人派菜。需要注意的是，在派菜之前，需要将客人面前使用过的盘子和其他垃圾清理干净，才能为客人派菜。

(3) 餐后服务礼节。

①结账服务礼仪：客人用餐完毕结账时，服务人员需迅速取回账单并将其放置在小托盘或收银夹中双手呈递给客人，礼貌地请客人过目，针对客人提出的疑问，耐心负责地为客人解释说明。之后根据客人的结账方式如现金结账、签单、手机支付等迅速为客人办理，开好发票后将找零和发票放在小信封里呈递给客人。需要注意的细节是，呈递给客人任何物品的时候都要注意双手递接，在客人输入银行卡密码或出示房卡等动作时，要注意保护好客人的隐私。最后微笑感谢宾客，在宾客起身离开时，提醒客人带好随身物品。

②餐后送客礼仪：客人离开餐厅或酒店的时候，要热情送客、礼貌道别，在致送别语的同时，为客人拉门或者走在客人后方 1.5 米左右的位置欢送客人。对提拿众多行李的宾客，服务人员应在征得客人同意的前提下帮客人拿行李。必要的时候根据客人的需求帮客人呼叫出租车。如果是送别乘车的客人，服务人员需目送客人的车辆直至消失在自己的视野当中，方能转身离开。

任务分析

餐饮服务人员得体的语言、优雅的举止会为用餐客人带来美的享受。作为服务人员，我们需要根据不同用餐客人的具体情况，通过分析用餐客人的需求，有针对性地为客人提供周到细致惊喜的服务。

任务准备

任务准备清单如表7-6所示。

表7-6 餐饮服务礼仪训练任务准备表

项目	内容
人员准备	2—3人一组,设定并分配任务角色
工具准备	化妆品、工装、点菜设备、餐桌椅、餐具、餐品、纸笔、信封、托盘等
环境准备	餐饮实训室、校企合作酒店等

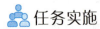 任务实施

一、餐饮服务人员语言礼仪模拟练习

请你根据设定的不同餐饮服务接待情境,分别设计一句相对应的服务语言,并将其填写在表7-7中。

表7-7 餐饮服务人员语音礼仪模拟练习表

接待情境	服务语言
中秋佳节的中午时分,常客江先生走进餐厅用餐	
服务人员询问客人是否能吃辣	
服务人员为刚落座的客人斟倒茶水	
客人询问餐厅是否能做"佛跳墙"这道菜单上没有的菜	
服务人员询问客人是否还需要加菜	
客人询问服务员小李白灼虾的具体做法,可是小李并不知道	
服务员小周不小心将汤汁洒到了客人身上	

情境七　住宿业服务礼仪

续表

接待情境	服务语言
客人点了一道"西湖醋鱼",但餐厅由于原材料耗尽无法做这道菜	
客人询问服务员年龄有多大	
客人用餐完毕离开餐厅	

二、中餐服务接待礼仪模拟练习

请你帮助杨帆同学,针对以下几个餐厅对客服务流程,重新设计符合礼仪的做法。可两三人一组,分别扮演餐厅服务人员、用餐客人等角色,模拟客人从走进餐厅、用餐到离开餐厅的完整接待流程,并根据餐饮服务接待人员的礼仪要求进行总结凝练,完成表 7-8 中的礼仪要点描述。

表 7-8　不同接待情境中餐饮服务人员礼仪要点

接待情境	礼仪要点
摆台操作	
迎接客人	
茶水服务	
点菜服务	
上菜服务	
分菜服务	
结账服务	
送客服务	

任务评价

根据餐饮服务中服务人员的语言和操作礼仪,结合任务的实施,完成表 7-9。

表7-9 餐饮服务礼仪任务评价表

项目	分值	要点	自评	互评	师评
餐前服务	20	①问候语的规范使用； ②称呼语的规范使用； ③问询语的规范使用； ④摆台服务操作礼仪			
餐中服务	60	①致谢语的规范使用； ②称呼语的规范使用； ③致歉语的规范使用； ④问询语的规范使用； ⑤应答语的规范使用； ⑥迎接客人操作礼仪； ⑦酒水服务操作礼仪； ⑧点菜服务操作礼仪； ⑨上菜服务操作礼仪； ⑩分菜服务操作礼仪			
餐后服务	20	①送别语的规范使用； ②致谢语的规范使用； ③结账服务操作礼仪； ④送客服务操作礼仪			

能力拓展

(1)请设计餐饮服务接待中一些特殊情境,并针对这些特殊情境,描述餐饮接待人员服务过程中的礼仪要求和注意事项,以下接待情境供参考：

①接待年幼儿童客人；

②接待残疾客人；

③客人针对菜品质量提出疑问；

④客人在餐厅大声喧哗；

⑤客人未付款就离开餐厅。

(2)针对目前酒店中常见的自助餐服务,请你列举自助餐服务的礼仪要求。

(3)请说明西餐服务与中餐服务在礼仪方面要求的异同点。

情境七　住宿业服务礼仪

项目3　客户管理

情境导入

马丽毕业后应聘到一家星级酒店,成为这家酒店的一名GRO(guest relation officer,宾客关系主任)。作为一名专职客户管理与服务人员,马丽深知自己这份工作对于酒店的重要意义。因而,从上岗第一天起,马丽就认真仔细地跟随自己的师傅学习经验。慢慢地,马丽也积累了不少客户资源。而且,马丽在工作中慢慢练就了一项本领,只要见过客人一面,马丽就能马上记住这位客人的名字。

马丽对每一位客人都非常热情,她还会在和客人聊天的过程中,分析总结这位客人的性格特征,挖掘出客人有哪些爱好、有哪些特殊的生活习惯、喜欢吃什么等,之后在客人住店期间,马丽时不时会为客人送上一些小惊喜,如在客人入住时在房间提前备上客人喜欢的某一品牌的果茶、在离店时为客人送上一大盒客人喜欢的巧克力等。只要是马丽接待的客人,无不对马丽对客服务的细致周到赞叹不已。有的客人离开酒店后过了大半年,还会想起马丽,会将自己公司的业务或有住宿需求的亲朋好友直接介绍给马丽。马丽在自己的岗位上也逐渐越做越有心得,越来越有想法,周围的同事、领导提起马丽,不由得连连夸奖:马丽真是一块天生做酒店的料啊!

思考:

(1)你认为客户管理人员的工作对于酒店的重要意义体现在哪些方面?

(2)你认为要想成为一名酒店客户管理与服务人员,需要具备哪些基本的职业素养?

学习任务

(1)梳理酒店客户管理人员工作内容与职责;

(2)掌握酒店GRO服务礼仪;

(3)明确酒店贴身管家服务礼仪。

学习目标

知识目标: 结合酒店服务技能大赛服务关键点、"1+X"前厅运营管理职业技能等级证书中的礼仪要求,说出酒店客户管理人员的工作内容、服务流程与服务礼仪要点。

能力目标: 能够兼顾酒店服务技能大赛服务标准、"1+X"前厅运营管理职业技能等级证书中的礼仪要求,以及客户管理人员岗位职责标准要求,完成客户沟通、客户服务、客户信息处理等酒店客户管理工作,做好客户关系的维护,提高客人满意度和酒店竞争力。

素质目标：树立以客户为中心的服务理念，在每一个工作环节中始终站在客人的立场上，为客人提供无微不至的个性化和人性化服务，培养爱岗敬业、孜孜不倦的职业素养。

相关知识

一、酒店客户管理工作职责

在目前中国酒店行业陷入同质化竞争的背景下，酒店需要思考创造差异化的独有方法，需要思考如何满足客人日益多元化、个性化的需求。所有这些，都基于一个重要的观念，即树立"以客户为中心"的服务与经营理念。

酒店能否形成独特的竞争优势，归根结底在于是否能够牢牢抓住宾客的心，通过深入洞察宾客的心理和需求，为宾客提供令其满意的个性化服务，从而培养一批高满意度、忠诚度的客户，因此宾客关系的管理与维护工作对酒店来说具有至关重要的意义。

从广义的角度讲，酒店的每一位从业人员都应是具备客户观念的客户管理人员；从狭义的角度讲，酒店的部分岗位包括GRO、贴身管家、礼宾、大堂副理、客户经理等则属于酒店重要的客户关系管理人员。

酒店客户管理人员的工作内容与职责主要包括以下内容：

1. 客户调查与开发

在数字化时代，酒店的生存从某种意义上说依赖于对酒店经营和客户群体数据的搜索、分析和利用能力。从这个角度出发，酒店面临的最大挑战或许已不再是竞争对手，而是如何有效获取客户，赢得客户忠诚度。

作为酒店客户管理人员，你可以试着回答以下问题：

我们的客户大多来自哪里？

我们的客户出行的目的是什么？

我们的客户是怎么来的？

我们的客户会因为哪些因素选择我们的酒店？

我们的客户最关注的是什么？

我们的客户希望在酒店获取哪些服务？

我们的客户能够接受的价格水平是什么样的？

我们的客户对我们酒店品牌的评价如何？

……

若你还没有找到正确答案，说明客户管理工作还有很长的路要走。

酒店客户管理人员日常工作的一项重要内容就是对客户进行调查与开发，而这些都基于对客户信息的有效收集和利用。酒店通过自有平台或网络，亦或通过第三方，收集客户的信息，做好客户画像,获取对客户特征的全面认识。

在庞大的客户群体中,酒店客户管理人员的一项重要工作就是研究确定酒店的目标市场客户,有针对性地做好客户的开发工作,制定营销计划和销售策略。

2. 客户信息管理

酒店的客户从广义上讲包括消费客户、供应商、政府或社区公众、旅行社、旅游代理商、旅游批发商等;从狭义上讲,酒店的客户主要指的是消费客户。而消费客户又包括散客市场、团队市场等。散客市场又可细分为非协议价散客、政府协议散客、公司协议散客、长住客户,团队市场可细分为公司团、政府团、旅游团、航空机组等。因此,酒店需要建立完善的客户信息系统,完成对客户信息的收集、分析和处理等工作。

酒店信息的来源

酒店需要为每一位客户建立一份专属客史档案,并且在经营管理过程中不断充实、丰富和完善客史档案,做好客史档案的管理工作,从而为酒店制定营销策略和提供个性化服务奠定基础。

酒店客史档案

3. 客户沟通与服务

在客人来到酒店前、住宿酒店期间和离开酒店后整个过程,酒店客户管理人员与客户的沟通时时刻刻都在发生着。客户管理人员从与客户的沟通中获取客户的有效信息、关注客户的需求,为客户提供满意加惊喜的服务。因此,客户管理人员应十分重视每一次与客户的沟通机会,以真诚、友善、耐心、细致、全面的服务思维,站在客户的立场上,帮助客户解决问题、提升住宿品质、获取超值体验。

在客户沟通的基础上,客户管理人员需要以提升宾客体验为出发点,以饱满的热情、敬业的职业素养、精湛的业务能力、娴熟的工作技能服务好身边的每一位客户,展现出独一无二的服务水平。

4. 客户维护

是不是当我们的客户来到酒店入住了,我们的客户管理工作就成功了?答案是否定的。酒店需要着力培养自身的忠诚客户,他们不仅愿意来酒店住宿,还愿意主动向亲朋好友推荐酒店、愿意重复购买酒店的产品、愿意时刻关注酒店的新信息、新业务、新发展等,而这些就需要客户管理人员做好客户维护工作,培养忠诚客户。即使出现服务失误,也能立即想办法补救,不流失任何一个客户。客户满意不等同于客户忠诚,赢得了客户满意度未必能够获取客户忠诚度,可以说,提升客户忠诚度是需要客户管理人员不断思考与精进研究的工作内容。

5. 客户销售

传统的酒店客户销售是通过广告、人员推销、营业推广和公共关系等方式展开的,而在数字化时代,客户管理人员需要充分利用数字化手段,重新思考数字化时代如何洞察客户、如何与客户深度连接、如何赢得高价值客户。深入分析酒店的线上销售和线下销售渠道,分析、预测客户的行为特征和消费趋势,制定并不断调整完善酒店的销售方案,达成销售目标。

二、酒店金牌 GRO 服务礼仪

酒店 GRO 是大型酒店设立的以建立和维护良好宾客关系为目的的岗位,是酒店重要的客户管理人员。酒店金牌 GRO 在具体的工作中,需要从细节出发,遵从良好的岗位服务礼仪,树立精益求精、至臻至善的职业理念和工作态度。

1."您的意见对我们很重要"

GRO 在日常工作中需要注意不断收集客户的意见和建议,通过收集宾客反馈的意见,可以帮助酒店提高硬件设施设备的质量,改善服务流程,有效实现服务质量控制。大堂征访就是 GRO 收集宾客意见的一项重要渠道。

在征访工作中,GRO 需要做好对征访宾客的选择,一般来说,长住客人、团队客的导游或者领队、贵宾和高房价散客等是 GRO 优先选择的征访客户。

在征访客户的时候我们可以同时向客人赠送一些精致实用的小礼物,以便于与宾客快速建立感情与联系。例如,我们可以向商务客人赠送一个优盘,向旅游客人赠送本市的旅游景点介绍或者地图册,向带孩子的客人赠送一个小玩偶,向女性客人赠送一枚精美的挂件,或者其他印有酒店标识的小物品如书签、钥匙扣等,体现 GRO 的细心和用心,为客人留下良好的印象,以便于征访工作的顺利开展。

酒店 GRO 客户征访

在征访的时候 GRO 需要礼貌地询问宾客:"您好,是否可以打扰您一点时间?"如果是长住客或者贵宾,我们还应该以姓氏称呼客人,以体现对客人的尊重。在和客人沟通的时候,GRO 一定要注意说话的语气以及面部的表情,向宾客礼貌地说明我们征访的目的,以取得宾客的配合,例如我们可以这样说:"为了更好地为您提供服务,我们非常期望能够得到您宝贵的意见与建议。"

在征访过程中若需要宾客填写意见表时,GRO 要注意递物礼仪,为客人双手递上宾客意见表以及签字笔,请宾客填写。递物时要方便客人接取,不要使客人无从下手。递送宾客意见单时,要将正面朝向客人,递送签字笔时,应将笔尖朝向自己或朝向他处,不可朝向客人。在征访工作结束之后,GRO 应向宾客致以真诚的谢意。

2."不用担心,我来帮您"

出门在外,客人对酒店及所在城市是完全陌生的,因此客人心中会存在各种疑问,除了借助手机查询以外,很多客人会直接询问工作人员以节约时间。

在 GRO 日常的对客服务工作中,有一项常见的工作内容,就是为客人提供问讯服务。问讯服务一般可包括两个方面,即场内问讯服务和场外问讯服务,

酒店 GRO 问讯服务

场内问讯服务指的是酒店运营中提供的一切服务,GRO都应该知晓,例如酒店所有的服务设施、服务项目的概况、收费情况、营业时间等。场外问讯服务指的是在酒店外客人所需求的信息,包括吃、穿、住、行、游、购、娱等信息。

GRO在日常的工作中,应注意随时收集相关信息,不断补充完善信息资料。对于宾客提出来的自己熟知的问题,我们回答时应简明扼要、清楚准确,不应模棱两可、含糊其词,若是自己不太了解的问题,应向客人道歉并说明,请客人稍等,然后迅速借助手中资料或互联网等进行查找;如果一时查找不到,也要请求客人给予谅解,并将客人的姓名、房号及问讯内容记录下来,事后迅速进行查阅,一旦查到要立即告知客人。如果经过查找资料、询问权威人士等各种努力后仍无结果,也应与客人取得联系,如实向客人说明情况,并请客人谅解。

3. "真抱歉,是我们的问题"

虽然酒店都希望能够为客人提供满意加惊喜的服务,但是在实际情况下,由于每位客人具有不一样的生活经历,客人每一天的心情也不同,因此酒店很有可能无法做到让每一位客人百分之百的满意,常常会产生客户投诉。客户管理人员需要做的就是妥善处理投诉,积极地为客户解决问题。

首先,当接到客户投诉时,GRO需要保持镇定和冷静,认真听取客人的投诉内容,对于情绪激动的客人,需邀请客人到办公室或其他安静的地方与客人交流,这样容易使客人平静下来,同时也不会影响到其他客人。

生气的纪先生

GRO需要设身处地为客人考虑,对客人的感受表示理解,可用适当的语言和行为给予安慰,如"对不起,发生这类事情我感到很遗憾""我完全能够理解您的心情"等。在客人陈述的时候认真做好相关记录。GRO还需把接下来的处理措施和所需时间告诉客人。如有可能,可请客人选择解决问题的方案或补救措施。但需要根据具体情况,不能向客人做出不切实际的承诺,要充分估计解决问题所需要的时间,例如"我半小时后跟您联系,给您一个满意的答复,您看可以吗?"最好能告诉客人具体时间,既不能含糊其词,也要注意给酒店协调处理问题留有余地。

最重要的是GRO需要立即采取行动为客人解决问题。若是GRO自己能够解决的,应迅速回复客人,告诉客人处理意见;对确实属于酒店工作失误的情形,应立即向客人道歉,在征得客人同意后做出补偿性处理。如果对客人投诉的处理已经超出自身权限,须及时向上级报告,请其出面解决问题。如果是暂时不能解决的投诉,GRO需耐心向客人解释,取得谅解,并请客人留下地址和姓名,以便告诉客人最终处理的结果。

最后,GRO还需做好对投诉事件的进一步检查落实和记录存档,将投诉处理过程写成报告记录存档,以便酒店在今后工作中举一反三,引以为戒。

三、酒店贴身管家服务礼仪

"管家"一词最早起源于欧洲王室,演变至今应用在酒店业中的私人管家服务,是一种能为客人提供更加个性化、高品位、专业化、私人化体验的服务,体现出酒店行业追求极致的服务精神。

1."我愿为您效劳"

贴身管家负责照顾客人在酒店的一切生活起居细节,以及满足客人的一些商务性工作需求。贴身管家体现了酒店更加私密性和细致入微的服务,因而,面对不同的客人,贴身管家的服务内容也不尽相同,对贴身管家的服务工作内容举例如下:

贴身管家在接待客人的服务工作中需做好充分的准备工作,对宾客的信息进行采集,根据宾客的国籍、身份和特殊要求、个人生活习惯或喜好禁忌等制定严密的接待计划,做好详细的专属接待方案,提前规划好客人在酒店的出行、食宿、工作、活动等各个环节,包括欢迎、接待、欢送客人的具体接待流程,以及客人的房间布置、餐饮安排、活动计划等。还要全面了解客人这次出行的目的、随行人员的情况、抵达酒店的时间,以及客人的活动日程安排等。

根据客人的出行目的,为客人准备专属行李箱,即宾客抵达酒店时不需要拖带自己的行李箱,管家为客人提供的行李箱内已经提供了客人所喜好的洗发水、洗面奶、香水、拖鞋等几乎所有个人需要的物品,以便让客人满身轻松地出门旅行。有的管家甚至会为客人提供行李打包服务,即客人还没有走出家门,管家就会上门为客人在家里打包整理行李箱。

当客人抵达酒店所在城市时,管家会安排车辆将客人接至酒店。管家需在客人到店前2小时进行查房,检查房间状态,检查房间卫生、棉织品配备是否完整,检查房间设备设施是否正常使用,提前为客人将空调调到适宜的温度,并且检查空调有无噪声,房间气味是否清新,提前为客人摆放好新鲜的鲜花水果,准备好其他欢迎礼遇。在客人到店前30分钟在大厅等候,当客人到达时,立即出门迎候客人,引领客人进入大厅,或者直接引领客人到达贵宾电梯,为客人在房间内办理相关手续,并且做好其他接待礼遇工作。

在客人入住期间,根据客人需求为客人提供洗衣熨衣、收纳整理、叫醒、房内用餐、商务秘书、用车、日程安排、当日报纸、天气预报、商务会谈、娱乐休闲等服务,24小时为客人提供细致周到的帮助。

有时客人还会有一些商务性工作需要管家为其办理,如帮助客人预订会议场馆、预订商务宴请餐厅,帮助客人购买红酒、茶叶等,因此,管家需要不断丰富自身的知识储备,以期能够为客人提供令其满意的服务。

客人离店时,协助客人离店,安排好送客的车辆、时间等细节,帮助宾客做好下一站旅程安排。同时做好客人的档案管理工作和客人遗留物品的处理工作等。

2."我愿终身学习"

随着时代的发展,酒店私人管家为客人提供的服务已经不仅仅局限于日常的食宿服务等,而是会提供更加精细化的服务。因此,管家需要不断精进自身的工作技能,夯实本领,树立终身学习的理念,练就一身独家秘籍。常见的管家培训和学习内容如表 7-10 所示。

表 7-10 常见的管家培训和学习内容举例

日常生活类	社交类	生活品位类	住店服务类
收纳整理训练	中西餐礼仪知识	茶艺	客房卫生标准训练
衣物皮鞋养护知识	日常社交礼仪知识	插花与花艺 花语知识	套房检查与整理
服装搭配与形象设计知识	商务礼仪知识	酒品品鉴	投诉处理训练
色彩心理学知识		水果拼盘	
深度保洁		绿植养护	
名品鉴赏与购物知识		雪茄服务	
膳食营养知识			

任务分析

酒店客户管理人员需要根据客户的具体情况,为客人制定个性化服务方案,开展更加精准的对客服务工作。同时,不断丰富自身的知识储备,拓宽知识面,强化自身技能,为做好客户服务工作打好基础。

任务准备

任务准备清单如表 7-11 所示。

表 7-11 酒店客户管理人员服务礼仪训练任务准备表

项目	内容
工具准备	联网的电脑、相机或具有照相功能的手机、打印机、修图软件
环境准备	酒店综合实训室、校企合作酒店

情境七　住宿业服务礼仪

任务实施

一、酒店客户管理人员对客服务要求训练

请你根据设定的服务项目,通过查询资料、向专业人士请教等方式,结合自己的专业所学和生活经验,在表 7-12 中填写每一个对客服务项目的礼仪要点与操作要求。

表 7-12　酒店客户管理人员对客服务礼仪模拟练习表

服务项目	礼仪要点	操作要求
为客人打包离店行李		
擦鞋服务		
为客人预订酒店宴会厅		
为客人推荐当地知名土特产及购买方式		
帮助客人预订当地演出票		
回答客人关于酒店周边银行的问讯		
整理客人房间		
征询客人意见		

二、管家收纳整理技能练习

收纳整理技能是酒店贴身管家等客户管理人员需要具备的一项基本技能,请你自学收纳整理的基本知识,选择宿舍或家里的一个小空间,如书桌、衣柜、卫生间、客厅、鞋柜等,进行一次彻底的清洁、整理与收纳,分别拍摄清洁整理前和整理后的对比照片,各选择其中一张照片,打印出来并粘贴到下面贴照片处,并总结在收纳整理过程中运用到的基本工具、规则和方法,填写在横线处。

整理前　　　　　　　　　　整理后

收纳整理总结：

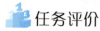任务评价

请根据以下评价标准,对每位同学完成以上任务的工作效果开展自评、互评和教师评价,并将评价结果填写在表 7-13 中。

表 7-13 酒店客户管理人员服务礼仪任务评价表

项目		分值	要点	自评	互评	师评
酒店客户管理人员对客服务要求训练	礼仪要点	40 分	礼仪要点描述精准、全面、确切			
	操作要求	30 分	操作要求步骤描述正确、细致、全面			
管家收纳整理技能练习	收纳整理照片	30 分	收纳整理方法正确、效果突出、收纳工具运用准确			
	收纳整理总结		收纳整理总结逻辑准确、结构清晰、内容完整			

能力拓展

(1)这天,马丽接到了以下客人的订单,请你根据不同客人的类型,帮助马丽制定个性化服务方案。

①H公司的总经理田先生,45岁,爱好喝茶、爬山,喜欢安静、不喜欢人多的地方,饮食好清淡。当日一个人到酒店出席商务论坛,没有驾车,行程安排5天,会期3天,田先生想利用空余时间在当地逛逛并拜访好友。

②李女士带着自己的丈夫、8岁的儿子和70岁的母亲到当地旅游,对当地不熟悉,不想行程安排太满,尚未订票,自驾出行。除老人和小孩外,李女士和丈夫都喜欢吃辣,想品尝当地特色美食,并购买一些土特产带给自己的亲朋好友。

(2)酒店私人管家需要具备丰富的生活知识、酒店专业知识等,请你走访一家书店或通过查询网上书店,为酒店私人管家列出一份推荐学习书单。

情境八 景区服务礼仪

【情境导入】

景区服务礼仪不仅体现出职场个人素养与气质,更是所在景区服务意识、管理水平和形象的具体呈现。一个态度热情、工作主动积极、面带微笑的服务人员,表现出的不仅仅是个人的职业化程度,更是所在景区良好的氛围和优秀的企业文化,这种表现不仅能够增强企业社会影响力,更能给游客以信心。新的一周来了,李仪老师带领同学们成为学校、景区的"形象代言人",通过校园、景区接待服务的实景演练,掌握景区讲解和接待服务礼仪。

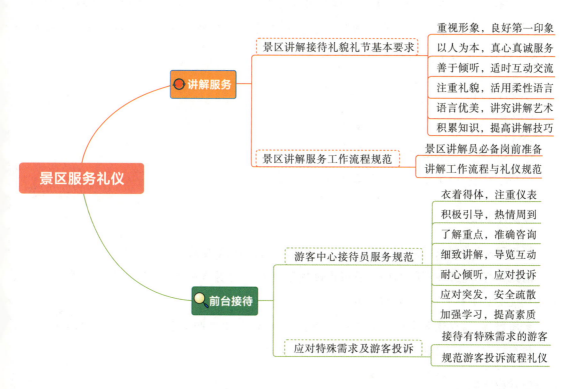

项目 1 讲解服务

"金牌讲解员"养成记

 情境导入

同学们来到了景区游客中心集合,李仪老师向同学们介绍了景区讲解金老师。金老师画着职业淡妆,穿着中式特色职业装,亲切、面带微笑地对同学们的到来表示了热烈的欢迎,并介绍了景区,随后带领杨帆等四位同学开始参观景区。整个游览过程中深入浅出、声情并茂地给同学们讲解了景区的历史文化。同学们被老师的多才多艺所折服,比如在讲到革命根据地的军民鱼水情时,她唱了一段感人的"信天游";金老师的幽默与机智也给同学们留下了深刻的印象,例如景区有一段路有些坑洼,观光车行进有些颠簸,她会幽默地给同学们说"这是酒窝大道,请大家系好安全带"。此外,金老师还很贴心地与同学们分享了工作经验与心得,鼓励大家好好学习,多学多练才能做好游客服务。四位同学整个游览过程轻松、愉快,既学习了景区当地的知识,还对职业发展有了深刻的认识,收获满满。

学习任务

(1)景区讲解员服务礼貌礼节规范。
(2)景区讲解员规范的工作流程以及礼仪要求。
(3)帮助四位同学成长为校园或红色景区讲解员。

学习目标

知识目标:掌握景区讲解员的礼貌礼节要求以及工作流程规范。

能力目标:能够在不同的讲解阶段提供规范且对应的讲解服务;能够灵活运用语言、仪态、表情礼仪提高讲解质量、处理突发事件。

素质目标:树立景区全面服务质量管理意识、敬业乐业的职业道德、精益求精的进取精神,培养传播中国文化、讲好中国故事的责任感、使命感。

> **传统礼仪小贴士**:
>
> "礼,不妄说人,不辞费。礼,不逾节,不侵侮,不好狎。修身践言,谓之善行。行修言道,礼之质也。"
>
> ——《礼记·曲礼上》

相关知识

一、景区"形象代言人"礼貌礼节基本要求

1. 重视形象,第一印象良好

人们在初次见面接触时,常常先去观察对方的衣着搭配、仪容仪表、仪态举止以及谈吐风度等外部形象,然后根据主观印象对对方做出初步评价。景区讲解员是游客对景区的第一印象,是游客对景区树立良好印象的关键因素。一定要时刻以景区"形象代言人"的意识要求自己,以热情、愉快、周到、积极的态度对待游客,做到微笑服务、举止大方、谈吐优雅、应变机智(图8-1),并维持融洽、自由而又合乎礼仪的气氛。

图8-1 景区讲解员良好形象

2. 以人为本,真心真诚服务

景区讲解员要树立以人为本的服务意识,尊重游客的根本利益与需求,有了尊重才能建立与游客之间的共同语言,才能建立彼此融洽、和谐的伙伴关系。因此要将自己的真心、真情融入讲解服务中,只有使游客的自尊心得到满足,才能得到游客的尊重。

3. 善于倾听,适时互动交流

景区讲解员与带旅游团的导游有一定的区别,由于对讲解对象内容熟知、了解透彻,因此在讲解景区时,很容易"单向讲解",从而忽视与游客的沟通和互动。因此在讲解服务过程中,要学会倾听,当游客提出要求或意见时,应暂停讲解,目视对方,并以眼神、笑容或点头来表示自己正在洗耳恭听,很愿意与游客进行互动和交流。

4. 注重礼貌，活用柔性语言

景区讲解员要特别注意自己的言谈举止，学会礼貌待人，使用柔性化的礼貌语言，提供微笑服务。柔性化语言的语气亲切柔和，措辞委婉，说理自然，多表现为商讨、征询的口吻，这样的语言有较强的可接受度、说服力。

5. 语言优美，讲究讲解艺术

语音语调在传情达意方面起着十分重要的作用。在景区讲解中，讲解员的声音要适度优美、不高不低，以在场游客都能听清楚的音量为宜。讲解详略得当、重点突出，不同之处的语音、语调、音色也应有所不同。讲解员要根据游客的反应、理解能力及讲解内容等决定节奏快慢，通常讲解速度掌握在每分钟200字左右为宜。此外，还可以活用民歌、诗词、快板、口技、顺口溜等语言艺术，增加语言丰富性、优美度。

快板《西柏坡九月会议》

6. 积累知识，提高讲解技巧

讲解的技巧与能力是判断讲解员能否提供优质服务的重要标准。讲解员应该坚持学习并积累景区以及当地相关的自然、人文知识，储备丰富的讲解材料，实时更新讲解内容。在具体的讲解中，应根据游客需求、景区内涵采用不同的讲解方法。讲解员不仅要灵活运用知识，而且要讲究一定的技巧和方法，做到表达无误、措辞优美、富有感情，讲解入情入理，让游客听得心服口服。

硝烟中绽放的百合花

二、景区讲解服务工作流程礼仪规范

景区讲解服务通过讲解员的沿途讲解，向游客展示景区的自然景观、人文历史、文化内涵，关系到游客对景区服务的满意程度，体现讲解的服务性，贯穿整个讲解工作过程。

1. 景区讲解员必备岗前准备

景区讲解员应具备讲解资质，仪表端庄，举止大方；具有相应的文化素养和较为广博的知识，并努力学习和把握与讲解内容有关的政治、经济、历史、地理、法律法规，熟悉相关的自然和人文知识及风土习俗，从而将其运用于讲解工作；具备独立工作能力、组织协调能力、人际交往能力和应急问题处理能力。

讲解员基于游客对讲解的时间长度、认知深度的不同要求，应对讲解内容做好两种或两种以上讲解方案的准备，以适应旅游团队和散客的不同需要。

上班前，按时签到排班，确保讲解公示牌价格、人员、语种规范。整理收据、话筒、电话、工作日志等办公用品，为工作做好准备。

2. 讲解工作流程与礼仪规范

（1）接待准备。讲解处接到游客中心总服务台通知，有旅游团、散客讲解任务时，讲解员拿到接待通知单，准备好讲解工作证、扩音器等工作用品。如果是旅行团讲解，与团队导游做好工

作交接,查看计划单、清点人数并签字确认。

引导游客在入口区合适区域停留的同时,主动与游客、全陪导游问好寒暄,对他们的到来表示欢迎,可礼貌询问客人来自哪里、整个行程计划以及随后游览安排等,这样可以预先判断游客所在地区或国家的宗教信仰、风俗习惯,了解客人的禁忌,以便实现礼貌待客。

(2)致欢迎词。对游客的光临表示欢迎,向游客自我介绍,讲明旅游安排,最后表达工作愿望,希望游客能配合自己的工作并玩得开心。

(3)介绍景区游览路线与注意事项。介绍景区内旅游的路线、特点、时间,回答游客的提问,提醒游客在景区旅游的注意事项。

(4)讲解景区概况。结合景区入口的导览图,向游客介绍本景区概况,包括景区或展馆开设背景、目的、历史沿革、占地面积、布局、主要景观、参观游览的有关规定和注意事项。

(5)沿游览路线带游客游览并提供讲解服务。沿途按景区路线安排带领游客参观。解说的顺序首先是对景区作基本的简介,然后带领游客参观游览,进行分段解说。

解说内容随机应变,把握游客观赏节奏,讲解合理、生动、价值观正确。在解说过程中,讲解员应结合景物或展品,适时宣传环境、生态及文物保护知识,引导游客文明旅游(图8-2)。游程中如需讲解人员陪同游客乘车或乘船游览,讲解人员宜协助游客联系车辆或船只。

图8-2　讲解员为游客指引及讲解

讲解过程中,认真回答游客的问询,并自始至终与游客在一起活动;注意随时清点人数,以防游客走失;注意游客的安全,随时做好安全提示,以防意外事故发生;对游客中的老幼病孕和其他弱势群体给予合理关照;如在讲解进程中发生意外情况,则应及时联络景区有关部门,以期尽快得到妥善处理或解决。

（6）**讲解结束并致感谢词。** 讲解员对旅游者参观游览中的合作表示感谢，诚恳地征询游客意见与建议，欢迎再度光临，祝愿游客下一站旅游愉快。

在游客离开景区后，或当天工作结束前，及时认真地填写《工作日志》或本单位规定的有关工作记录。

任务分析

景区讲解人员合理的路线、时间控制、高超的讲解语言、优雅的讲解仪态、亲切耐心的导引会为游客带来知识享受，同时带来美的享受。根据游客不同需求，通过分析游客兴趣、需求，有礼有节地引导游客感受景区自然人文知识以及讲解服务之美。

任务准备

任务准备清单如表8-1所示。

表8-1 景区讲解服务礼仪任务准备表

项目	内容
人员准备	4—5人一组，分组抽取团型，讲解校园或者红色景区
工具准备	化妆品、工装、小蜜蜂扩音器
环境准备	校园、校企合作红色景区等

任务实施

一、景区讲解人员语言礼仪模拟练习

请你根据设定的讲解员工作不同导引情境,分别设计一句合适的应变服务语言,并将其填写在表8-2中。

中国公民国内旅游文明行为公约

表8-2 景区讲解人员语言礼仪模拟练习

导引情境	导引服务语言
了解游客对景区游玩期望、时间、后续行程安排等	
游客打断欢迎词,向你吐槽前面几天行程太赶、太累	
游客当场指出你讲解知识的错误	
游客随意触碰无围挡的碑刻、石雕等不可触碰文物	
游客在禁止拍照、抽烟的游览区域拍照、抽烟	
儿童哭闹,不愿继续随团队、家人听讲解参观游览	
游客对景区某个游览点非常感兴趣,想多一点参观游览时间	
游客上下景区观光车、缆车	
发现队伍后面两名游客自由散漫,一直在拍照,没有紧跟游览队伍,即将掉队	
路过景区施工区域	
讲到饮食文化并举例某道菜品时,游客表示品尝过,并集体表示不是很喜欢,开始吐槽饮食差异	
一名游客发现太阳帽丢失在上个参观节点,并坚持要返回寻找	
游客询问讲解员年龄,并要求加联系方式	

二、景区讲解人员讲解服务实景练习

以全国职业院校技能大赛"导游服务"赛项为标准自选景点讲解,评分内容为主要练习考核点。4—5人一组,抽选"中学研学、政务考察团、商务考察团、亲子旅游团"四个团型,依次扮演讲解员、游客,从校园大门或者红色景区游客服务中心门口开始,练习完成讲解、导引、游览的接待全流程,并根据讲解员的服务礼仪要求进行总结凝练,完成表8-3中的礼仪要点描述。

表8-3 不同情境下景区讲解人员服务礼仪要点

讲解工作情境	礼仪要点
岗位准备	
接待准备	
致欢迎词	
介绍景区游览路线与注意事项	
沿途讲解	
突发事件处理	
结束致感谢词	

任务评价

根据校园或者红色景区所抽选团型,模拟带游客讲解服务的语言和操作礼仪,结合任务具体实施,完成表 8-4。

表 8-4 景区讲解服务任务评价表

项目		分值	要点	自评	互评	师评
岗前工作	讲解职业仪态	15 分	①职业妆容淡雅、自然; ②职业着装,符合情境			
	讲解词组织特色	15 分	①内容正确,结构合理、尊重史实和现实,无价值观错误; ②整体节点布局合理、严谨; ③紧扣主题,特色鲜明,感染力强; ④语言文字优美,富有文采; ⑤应答语的规范使用			
讲解服务	导引语言、操作礼仪	30 分	①欢迎词、欢送词的规范使用; ②称呼语、致歉语的规范使用; ③问询语、应答语的规范使用; ④导引手势的规范使用; ⑤游客中心接待(团)操作礼仪; ⑥突发事件处理操作礼仪			
	讲解风范	40 分	①讲解语言流畅规范,口齿清晰; ②讲解角度新颖,主题特色鲜明; ③讲解重点突出、有层次感; ④讲解节奏合理、节律感强; ⑤讲解方法和技巧运用恰当; ⑥富有感染力、亲和力			

能力拓展

(1)讨论和分析举办红色旅游讲解大赛的评分标准,撰写讲解词,并进行脱稿讲解。

(2)实地考察,本地4A级以上景区讲解员的职业素养和讲解礼仪要求是什么?

(3)了解"旅游景区质量等级的划分与评定"相关知识,并绘制思维导图。

《旅游景区质量等级的划分与评定》(GB/T 17775—2003)是我国A级景区评定国家标准,其中"服务质量与环境质量评分细则"中关于景区第二部分"游览"的服务与质量做了评价细分(见表8-5)。

表8-5 国家A级景区"2.游览"服务与环境质量评价点

2.1 门票	2.1.1 设计制作精美		
	2.1.2 有突出特色		
	2.1.3 背面有游览简图、咨询、投诉、紧急救援电话		
2.2 游客中心	2.2.1 位置	位置优越、合理	
	2.2.2 标识醒目		
	2.2.3 造型、色彩、外观与景观的协调性		
	2.2.4 规模	专用或兼用,且面积是否适应游客需要	
	2.2.5 设施与服务	设电脑触摸屏	内容丰富还是基本满足游客需要
		影视介绍	影视设备、内容信息丰富与否
		提供游客休息设施	
		景区导览宣传资料	品种多少、精美展示程度
		提供咨询服务	
		提供游程线路图等	
		明示景区活动节目预告	
		提供导游(讲解)服务	
		提供饮料及纪念品服务	
2.3 标识系统	2.3.1 设置	导游全景图、导览图、标识牌、景物介绍牌	
	2.3.2 布局	布局合理,根据数量,合理设置	
	2.3.3 设计制作	图案	图案直观明了,雅致大方
		外形	外形别致,具有艺术感
		材料	档次、生态性、与景区协调性
	2.3.4 维护	是否无脱落、无毛刺、无腐蚀等	
	2.3.5 中英文对照		
	2.3.6 中外文(非英文)对照		

续表

2.4 宣教资料	正式出版印刷的导游图、明信片、画册、音像制品、研究论著、科普读物等	
2.5 导游服务	2.5.1 导游人员数量	数量与游客接待规模和旅游景区性质相适应
	2.5.2 导游语种	
	2.5.3 具有高级导游或讲解员	
	2.5.4 设语音导游	便携式可选择播放、便携式循环播放、定点循环播放
	2.5.5 导游词科学、准确、有文采	
	2.5.6 导游效果(清晰、生动、吸引人)	
	2.5.7 导游服务有针对性,强调个性化	
2.6 游客公共休息设施和观景设施	2.6.1 布局合理	数量充足,能满足需要,不设置在危险地带、危险场所
	2.6.2 造型与景观环境的协调性	对景观有特别烘托效果;与景观环境基本协调
	2.6.3 制作	制作精美,有艺术感
	2.6.4 材质	从档次、生态性、与景区协调性
	2.6.5 维护程度	
2.7 公共信息图形符号设置	2.7.1 位置与数量	在停车场、出入口、售票处、购物场所、医疗点、厕所、餐饮设施等位置,合理设置公共信息图形符号
	2.7.2 图形符号设计	图形规范、与景观相协调、有文化特色
	2.7.3 视觉效果	精美、清晰
	2.7.4 维护保养	
2.8 特殊人群服务项目	包括残疾人轮椅、盲道、无障碍设施,老年人使用的拐杖,儿童使用的童车等。查看服务指南与相关设施	

项目2　前台接待

情境导入

游客服务中心的感谢语

游客：您好,我来找您是想表达一下对景区服务的感谢。

杨帆：非常感谢您的到来,很高兴听到您对我们服务的好评。

游客：是的,我在这里度过了非常愉快的旅行。你们的服务真的很周到,给我留下了深刻的印象。

杨帆：非常感谢您的赞扬,能为您的旅行带来美好的体验是我们的荣幸。您觉得我们的哪些服务让您印象深刻呢？

游客：你们提供的个性化旅游咨询服务,让我可以更好地安排自己的行程。其次是细致周到的服务态度,比如提供各种便利设施、提供实时天气情况和交通指南等。最后是你们的友善和热情,让我感受到家的温暖。

杨帆：非常感谢您的肯定和建议,我们会继续努力,为每一位游客提供更加优质的服务。如果您还有其他的需求和问题,请不要犹豫,随时向我们寻求帮助。

游客：好的,谢谢你们！我会向我的朋友们推荐你们的服务。

杨帆：感谢您的支持和推荐,我们会一如既往地为每位游客提供优质的服务。祝您旅途愉快！

学习任务

(1)接待员杨帆在工作中的哪些服务感动了游客？

(2)景区游客中心前台接待员在服务游客过程中有哪些要求？

(3)为了给游客在景区创造满意的体验,前台接待员要提高哪些服务礼仪技能？

学习目标

知识目标：掌握景区游客中心接待员服务礼仪规范和礼仪用语,掌握接待基本规范和要求,包括迎送、咨询、投诉、导览、突发事件处理以及沟通协调礼仪。

能力目标：能够做好仪表、仪态等方面形象管理,提升景区接待工作形象和专业水平,提高对客沟通技巧以及处理问题的能力,并做到礼貌、耐心和细致。

素质目标：树立景区全面服务质量管理意识，培养敬业乐业的职业道德、精益求精的进取精神，具有安全防范意识，强化职业素养和职业规范。

⭐ 相关知识

景区游客服务中心是为游客提供信息、票务、咨询、讲解、休息等服务功能的专门场所。景区游客中心前台接待员是景区服务质量和形象的重要保障，在解决游客疑难、树立景区形象、收集游客信息反馈等方面发挥着重要作用。景区游客中心前台接待员是景区与游客之间的桥梁，他们向游客传递景区的基本情况、旅游线路、景点介绍等信息，让游客更好地了解景区。

景区游客中心接待员可以根据游客的需求提供个性化的旅游咨询和服务，例如为游客策划专属的旅游线路，提供实时的天气情况和交通指南等。

景区游客中心前台接待员可以协助游客解决各种问题，如路线寻找、住宿安排、特殊需求等，并解答游客在旅游过程中遇到的各种疑问。

景区游客中心前台接待员的形象和服务质量直接影响游客对景区的印象。优秀的接待员能够提供周到、友好的服务，增强游客对景区的满意度，提高景区形象。景区游客中心接待员可以收集游客的反馈意见和建议，为景区改善服务和管理提供依据。

一、游客中心接待员服务规范

景区游客中心前台接待员是景区服务形象的重要代表，他们承担着向游客提供信息咨询、领取门票、提供导览等服务工作。在整个工作流程中，前台接待员需要具备以下礼仪服务方面的技能要求。

1. 衣着得体 注重仪表

（1）前台接待员的仪表应该整洁干净，穿着得体，给游客留下良好的印象，让游客感受到专业和素质。

（2）注意自己的形象和举止，保持良好的职业形象，让游客感受到景区的专业和规范（图8-3）。在穿戴上要符合景区的标准，如佩戴工作证、穿着景区制服等。

图 8-3　景区接待员良好形象

2. 积极引导　热情周到

(1)在接待游客时,要以热情和耐心的态度迎接每一位游客,主动询问游客的需求、解答游客的问题。可以采取主动跟进、双目平视对方、面带微笑迎接等方式,全神贯注,集中精力,以示尊重与诚意(图 8-4)。接待游客咨询时,专心倾听,让游客感受到景区的热情和关注。

当面咨询

(2)要积极引导游客,帮助游客快速了解景点的布局和主要景点的位置,并根据游客的需求及时安排行程。需要了解游客的兴趣爱好、旅游时间等信息,为游客提供合适的建议和推荐,在尽力满足游客需求的同时提供更多的帮助。

图 8-4　景区接待对客服务

3. 了解景点 准确咨询

（1）前台接待员要有丰富的旅游综合知识，充分了解景点的历史、文化、特色等信息，要对景点的基本信息、重要时间节点、著名景点、相关故事等方面进行深入了解。

（2）能够向游客提供准确、完整的旅游信息，包括景区的开放时间、门票价格、景点介绍、交通路线等，本地及周边区域景区情况，以及相关的旅游安全提示和注意事项，要提供耐心、详细、准确的答复和游览指导，让游客在游玩过程中能够尽情享受旅游的乐趣。

4. 细致讲解 导览互动

（1）为了丰富游客的旅游体验，景区接待员要通过导览讲解，增加与游客的互动，例如游戏项目、文化展示、手工制作等活动，让游客参与其中，增加游客对景区的认知度和满意度。

（2）前台接待员需要细致地为游客服务，让游客感受到关心和贴心。需要做好各项服务工作，如及时提醒游客注意安全、提供饮水、赠送纪念品、帮忙拍照等。

5. 耐心倾听 应对投诉

（1）在导览过程中，前台接待员要随时倾听游客的问题和建议，应做到有问必答，用词得当，简洁明了，客观真实。需要保持耐心和礼貌，对游客的每一个问题都给予认真的回答，并积极解决游客遇到的困难。

电话咨询

（2）如果游客电话咨询，接听电话时首先应报景区名称，回答电话咨询时要热情、亲切、耐心、礼貌，要使用敬语（图8-5）。对于暂时无法回答的问题，应向游客说明，并表示歉意，不能简单地说"我不知道"之类的用语。通话完毕后，应互道再见，并确认对方先收线后再挂断电话。

图8-5 景区接待电话咨询

（3）在旅游过程中，游客可能会遇到各种问题，如门票购买不便、导览服务质量差、景区设施维护等。前台接待员需要具备处理投诉的能力，以保证服务质量和游客满意度。并且一旦接待就要尽快协助处理，或者尽快给予反馈，言必信，行必果。例如，当一位游客反映门票买不到时，接待员应该认真听取游客的意见，并尽快向上级领导汇报，协助解决问题。

> **传统礼仪小贴士：**
>
> "有其言，无其行，君子耻之。" ——《礼记·杂记下》
>
> "可言也，不可行，君子弗言也。" ——《礼记·缁衣》
>
> "言从而行之，则言不可饰也。行从而言之，则行不可饰也。" ——《礼记·缁衣》

6. 应对突发 安全疏散

（1）在景区游客中心工作期间，可能会出现一些突发事件，例如游客突发疾病、恶劣天气等。前台接待员需要具备处理突发事件的能力，及时向上级领导汇报，并采取有效措施，保障游客的安全和体验。例如，当某个游客晕倒，接待员应该立即拨打急救电话，并配合医护人员进行救治。

（2）如果突发事件导致游客有危险，前台接待员需要指引游客有序地撤离现场，确保游客的安全。在疏散过程中，前台接待员需要使用清晰明了的语言，指引游客通过安全通道迅速撤离，并注意游客是否有丢失物品或者走散的亲友，提供必要的帮助和支持。

7. 加强学习 提高素质

景区游客中心前台接待员应该接受专业培训，提高自己的服务水平和能力，增强对旅游行业的认知和理解。同时，为了提高服务质量，景区应该加强对员工的管理和监督，确保员工在服务过程中不断提升自身的服务意识和服务技能。

> **传统礼仪小贴士：**
>
> "博学之，审问之，慎思之，明辨之，笃行之。" ——《论语·中庸》
>
> "君子之道，譬如行远必自迩，譬如登高必自卑。" ——《礼记.中庸》
>
> "故不积跬步，无以至千里；不积小流，无以成江海。" ——《劝学》
>
> "合抱之木，生于毫末；九层之台，起于累土；千里之行，始于足下。" ——《老子》

二、应对特殊需求及游客投诉

作为一名景区游客中心前台接待员，需要处理不同类型游客的需求，包括特殊需求、投诉等情况。

1. 接待有特殊需求的游客

接待员杨帆在游客中心接待了一位身体残疾的游客,他需要轮椅才能出行。以下是本次对话的详细内容:

游客:你好,我需要租用轮椅来游览景区。

杨帆:非常欢迎您来到我们的景区,我可以给您提供一把轮椅以方便您的出行。请问您是否需要帮忙寻找适合您的路线?

游客:是的,谢谢你。

杨帆:那么现在让我们先检查一下轮椅是否符合您的需求,并向您介绍一些较为平坦和安全的路线。

(杨帆展示了轮椅,并请游客试坐。)

游客:这个轮椅很舒适,还有我希望能够更好地了解景区内的历史和文化信息。

杨帆:非常感谢您的建议。如果您愿意,我可以为您预约一个讲解员,让您更好地了解景区内的历史和文化。

游客:这是一个很好的建议。我非常感谢你的帮助。

杨帆:不用谢,我们会尽力为游客提供最好的服务体验。现在,让我们一起规划您的行程并安排您的轮椅租赁。

(杨帆与游客一起规划和安排行程,并向他介绍景区内其他服务设施和活动。)

以上对话展示了游客中心接待员如何倾听游客的需求,提供适当的帮助,以及通过有效的沟通和协调解决问题。在处理游客特殊需求时,我们需要关注细节并考虑他们的实际情况,同时寻找更好的解决方案以为游客提供更好的服务体验。

2. 规范游客投诉流程礼仪

作为景区游客中心的前台接待员,认真对待每一位游客的投诉,并遵循以下礼仪规范处理投诉:

(1)倾听:在接到游客投诉后,首先要耐心倾听其抱怨和不满,让游客感受到被重视和关心。同时,需要注意表情和语气,保持冷静、和善的态度。

接待游客投诉景区服务

(2)道歉:如果景区确实存在问题,需要及时向游客道歉,并表示将尽快解决问题。在道歉的过程中,要做到真诚、诚恳。

(3)解释:在处理投诉时,需要向游客详细解释景区的相关政策和规定,并说明可能存在的问题,以便游客更好地理解并对问题有更准确的认识。

(4)协商:在解释清楚后,需要与游客进行协商,共同商讨解决方案。在此过程中,要灵活应对,让游客感受到合作的意愿。

(5)落实:最后,根据实际情况落实解决方案,并在处理完毕后再次向游客致以歉意。

下面是有关景区游客投诉的处理案例:

游客:你好,我在游玩的过程中遇到了一些问题,希望能向你反映一下。

接待员马丽:您好,请告诉我具体情况。

游客:我们租用了一辆电动自行车,但是没有使用多久就没电了,导致我们无法继续游览。这已经影响了我们的游玩体验。

接待员马丽:非常抱歉听到这样的情况。请问您预约了电动自行车吗?每天最长使用时间只有4小时。

游客:我们没有预约,并没有看到相关规定。而且我们也没有意识到时间已经超过了限制。

接待员马丽:我们为此感到抱歉,这可能是我们的工作疏忽造成的。请您放心,我们会尽力解决这个问题。先让我检查一下记录。

(接待员检查记录后)

接待员马丽:确实如您所说,您的使用时间超过了规定。但是,这也是为了保障游客安全和维护景区设施。你们的需求是可以理解的,我们会尽力给您提供帮助。现在,我可以联系租赁公司给您换一辆新的自行车,同时延长您的使用时间,以弥补您的损失。

游客:好的,谢谢你的帮助和理解。

接待员马丽:不客气,我们会尽力为游客提供更好的服务。如果您还有其他问题或需求,请随时与我联系。

任务分析

情境服务案例:某日,一名外国游客来到景区游客中心。他手持一张地图,向前台接待员询问如何前往他所感兴趣的景点。

培训目标:提高前台接待员的礼仪服务技能,包括有效沟通、指路技巧等。

角色扮演:请两名同学进行情境服务演练,其中一名扮演外国游客,另一名扮演前台接待员。

(1)如何用简单的英语与外国游客进行基础的沟通;

(2)介绍如何使用简单的地图或平面图,指导游客正确前往景点;

(3)注意指路时应该礼貌并确认游客是否理解自己的指引;

(4)强调如何留下良好的第一印象和叙述重要信息。

学生扮演外国游客,向前台接待员询问如何前往他所感兴趣的景点。前台接待员迅速反应,用简单的英语回答游客的问题,并指引游客走向目的地。接待员确认游客是否理解自己的指引,并留下联系方式以便后续沟通。

任务准备

任务准备清单如表 8-6 所示。

表 8-6 游客中心接待员服务礼仪任务准备表

项目	内容
主要工具	地图、道路指示牌、工牌、办公电脑
其他工具	桌椅、沙发、互联网
注意事项	课前查看景区服务礼仪微课,搜集景区游客中心接待员礼仪案例,加强对景区服务中心服务礼仪重要性的认知

任务实施

一、景区游客中心接待员礼仪模拟练习

请你根据设定的不同景区游客中心对客服务情境,帮助杨帆分别设计相对应的体态和服务语言,并将其填写在表 8-7 中。

表 8-7 不同情境下景区游客中心接待员服务礼仪模拟练习表

服务情境	体态	服务语言
当顾客来到游客中心时,第一印象非常重要。接待员要保持良好状态迎接顾客		
当顾客来到游客中心寻求帮助时		
如果顾客没有确定的旅游计划时		
游客询问景区的某一个游玩项目的路线怎么走时		
游客对门票价格不满意,向接待员抱怨说为什么比其他景区贵那么多时		

续表

服务情境	体态	服务语言
当某个游客晕倒,其亲友到景区游客中心寻求帮助时		
在游客离开时		
游客发生丢失物品的情况,需要接待员提供必要的帮助和支持时		
景区发生短时雷雨大风极端天气,接待员需组织游客有序地离场,确保游客的安全时		

二、游客中心接待员礼仪模拟练习

请 5—6 人一组,分别扮演游客、接待员、省市领导、旅游团队等角色,模拟接待员从欢迎客人,到为参观景区的重要领导进行线路引导并讲解、在游客中心为游客解答疑难、处理投诉的完整接待流程,并根据前台接待员礼仪要求进行总结凝练,完成表 8-8 中的礼仪要点描述。

表 8-8　不同情境下游客中心接待员语言礼仪模拟练习表

服务情境	服务语言及礼仪
欢迎游客	
欢迎领导考察	
迎接散客	
接待团队	
介绍景区特色	
推荐规划游览线路	
接听咨询电话	
应对客人投诉	

任务评价

(1) 做评价：假设你就是杨帆，模拟以下情境，按照游客中心接待工作礼仪要求，对照表8-9打分。

(2) 找问题：分析一下被扣分的原因，应该如何改进？

表8-9　游客中心接待员服务礼仪任务评价表

项目	分值	要点	自评	互评	师评
迎接游客	30	①称呼语的规范使用； ②穿着整洁得体； ③主动热情地迎接顾客； ④用清晰、流畅的语言与顾客进行交流； ⑤迎接服务操作礼仪； ⑥规范使用欢迎词			
游客反馈亲人走失寻求帮助	30	①称呼语的规范使用； ②问询语的规范使用； ③应答语的规范使用； ④引领游客时的操作礼仪； ⑤沟通用语的规范使用			
景区发生短时极端天气	20	①问询语的规范使用； ②引领游客时的操作礼仪； ③紧急情况处置能力； ④协调各个部门之间的关系，顺利开展工作			
应对游客投诉	20	①保持镇静和耐心； ②根据顾客的需求、情况，快速、准确地安排相关的服务； ③懂得细节服务； ④问询语的规范使用； ⑤倾听和理解顾客的需求，并提供相关的建议和帮助			

能力拓展

(1) 景区游客中心接待员在应对突发事故、自然灾害等情况时需要具备哪些应急处理能力？

(2) 景区游客中心接待员在与游客沟通时，应把握哪些沟通礼仪的要点？

(3) 景区游客中心接待员在处理游客投诉时，使用的礼貌用语有哪些？

参考文献

[1] 金丽娟. 旅游礼仪[M]. 3版. 桂林:广西师范大学出版社,2023.

[2] 纪亚飞. 新时代服务礼仪[M]. 北京:中国纺织出版社,2023.

[3] 金正昆. 商务礼仪教程[M]. 7版. 北京:中国人民大学出版社,2023.

[4] 张清影,吴艺梅,廉晓利. 旅游服务礼仪[M]. 4版. 武汉:华中科技大学出版社,2023.

[5] 金正昆. 服务礼仪教程[M]. 6版. 北京:中国人民大学出版社,2023.

[6] 魏凯,刘萍,杨诗兵. 民宿管家服务[M]. 北京:旅游教育出版社,2022.

[7] 李建刚,谷音,王军. 研学导师实务[M]. 武汉:华中科技大学出版社,2022.

[8] 杨珩,尹彬. 职场礼仪与沟通[M]. 北京:机械工业出版社,2022.

[9] 田莉,田莹,马立. 旅游礼仪实务[M]. 3版. 北京:中国铁道出版社,2022

[10] 刘杨,梁中正. 旅游职业礼仪与交往[M]. 2版. 北京:高等教育出版社,2022.

[11] 李祝舜. 旅游服务礼仪技能实训[M]. 2版. 北京:机械工业出版社,2022.

[12] 韩艳华. 客户服务礼仪[M]. 2版. 北京:电子工业出版社,2022.

[13] 王昆欣. 旅游景区服务与管理案例[M]. 2版. 北京:旅游教育出版社,2022.

[14] 宋梅,白丽香. 导游礼仪[M]. 4版. 北京:中国轻工业出版社,2022.

[15] 张彤. 社交礼仪与交往艺术[M]. 西安:西安电子科技大学出版社,2021.

[16] 杨雅蓉. 高端商务礼仪[M]. 北京:化学工业出版社,2021.

[17] 海英. 礼仪中国[M]. 北京:北京师范大学出版社,2021.

[18] 单铭磊. 中国人的礼仪文化[M]. 北京:化学工业出版社,2021.

[19] 彭林. 中华传统礼仪[M]. 北京:中国人民大学出版社,2021.

[20] 张秋垄. 酒店服务礼仪[M]. 2版. 北京:浙江大学出版社,2021.

[21] 王瑜. 旅游景区服务与管理[M]. 5版. 大连:东北财经大学出版社,2021.

[22] 斯静亚. 职场礼仪与沟通[M]. 4版. 北京:高等教育出版社,2021.

[23] 李丽,孙彦逢. 旅游礼仪[M]. 2版. 北京:中国轻工业出版社,2021.

[24] 魏凯,李爱军. 旅游服务礼仪与实训[M]. 2版. 北京:中国旅游出版社,2021.

[25] 孙宇辉,高艳红,杨靖. 旅游职业礼仪与交往[M]. 北京:北京理工大学出版社,2021.

[26] 吕艳芝. 公务礼仪标准培训[M]. 3版. 北京:中国纺织出版社,2021.

[27] 王雪梅. 服务礼仪[M]. 3版. 重庆:重庆大学出版社,2021.

[28] 徐兆寿. 旅游服务礼仪[M]. 北京:北京大学出版社,2020.

[29] 王冬琨,郝瓅,张玮. 酒店服务礼仪[M]. 2版. 北京:清华大学出版社,2019.

[30] 李雨轩. 旅游服务礼仪[M]. 2版. 北京:机械工业出版社,2019.

[31] 金正昆. 大学生礼仪[M]. 4版. 北京:中国人民大学出版社,2018.

[32] 郑莉萍,黄乐艳,蒋艳. 旅游交际礼仪[M]. 北京:航空工业出版社,2018.

[33] 靳斓. 服务礼仪与服务技巧[M]. 北京:中国经济出版社,2018.

[34] 张金霞. 旅游接待礼仪[M]. 武汉:华中科技大学出版社,2017.

参考在线课程资源

[1] 何叶. 职业教育国家在线精品课程"旅游礼仪". https://coursehome.zhihuishu.com/courseHome/1000007332#teachTeam.

[2] 何叶. 职业教育国家在线精品课程"魅力沟通". https://coursehome.zhihuishu.com/courseHome/1000010514#teachTeam.

[3] 何叶."魅力沟通"虚拟仿真实训平台. http://59.75.64.6:81/.